Eduard Ströbel

Zur Handschriftenkunde und Kritik von Ciceros Partitiones Oratoriae

Eduard Ströbel

Zur Handschriftenkunde und Kritik von Ciceros Partitiones Oratoriae

ISBN/EAN: 9783743695726

Hergestellt in Europa, USA, Kanada, Australien, Japan

Cover: Foto ©ninafisch / pixelio.de

Weitere Bücher finden Sie auf **www.hansebooks.com**

Zur Handschriftenkunde und Kritik von Ciceros Partitiones Oratoriae.

Programm

der

Kgl. Studienanstalt Zweibrücken

zum Schlusse des Schuljahres

1886/87

verfasst von

Dr. Eduard Ströbel

Gymnasial-Assistent.

Zweibrücken,

Buchdruckerei von August Kranzbühler.

1887.

Nachdem Ciceros kleine Schrift Partitiones oratoriae längere Zeit weniger Beachtung gefunden hatte und nur gelegentlich der Gesamtausgaben des grossen römischen Redners mitbehandelt worden war, erschien im Jahre 1867 bei Teubner eine erklärende Sonderausgabe derselben von der bewährten Hand Piderits. Der bekannte, um Ciceros rhetorische Werke so vielfach verdiente Gelehrte und Schulmann bestimmte dieselbe für den Schulgebrauch und dachte dabei wohl an die häufige Benützung, die dieser rhetorische Katechismus, wie er die Schrift passend nannte, im 16. und 17. Jahrhundert durch Männer wie Johannes Sturm, Joachim Camerarius und andere in den Schulen gefunden hatte. So verdienstlich auch Piderits Ausgabe, namentlich hinsichtlich der Erklärung ist, so scheint doch der Zweck, den er mit derselben verband, für die Jetztzeit verfehlt; ich stimme hierin vollständig mit Hermann Sauppe überein, der in seiner eingehenden Besprechung von Piderits Arbeit (Gött. Gel. Anz. 1867 S. 1863—1877) erklärte: „um in der Schule gelesen zu werden, dazu ist die Schrift in ihrer Kürze viel zu trocken und behandelt zum grossen Teil Dinge, welche den Schüler nicht anzuziehen vermögen". Während sich nun in neuester Zeit den bedeutenderen rhetorischen Werken Ciceros überaus reges Interesse zuwandte, wurden dagegen die Partitiones oratoriae seit 20 Jahren, abgesehen von kurzer Behandlung einiger weniger Stellen, von den Philologen wieder ausser Acht gelassen, und doch musste eigentlich gerade die Art, wie Piderit seinen Text gestaltete, und die Thatsache, dass er sich dadurch vielfach in Gegensatz zu seinen Vorgängern Klotz und Kayser setzte, zu neuen Forschungen anregen. Die handschriftliche Frage nämlich ist es, die noch einer genauen Untersuchung entbehrt, indem man es bis jetzt unterliess, das gegenseitige Verhältnis der Codices zu ermitteln und so eine möglichst sichere Grundlage für die Textkritik zu schaffen. Auf die Erforschung des bisher Versäumten richtete ich daher mein Augenmerk; vielleicht gelingt es mir, einen kleinen Beitrag zur Verbesserung des Textes der Partitiones oratoriae zu liefern.

Auf folgenden 7 Hss. beruhen vor allem meine Untersuchungen:

1. **Parisinus** 7231 membr. s. X. Auf fol. 44ʳ beginnen in deutlicher, aber doch etwas flüchtiger Schrift die Part. or. mit folgender inscriptio: M. Tullii Ciceronis Partitiones Oratoriae incipiunt feliciter. Dialogus Ciceronis cum filio Cicerone. Bereits mit Schluss von fol. 45ʳ bricht unsere Schrift ab, indem durch ein Versehen des Buchbinders ein Quaternio folgt, der Cornif. ad Her. II 7 etc. enthält; auf fol. 54ʳ beginnen die Part. or. wieder und enden auf fol. 57ʳ mit der subscriptio: Tullii Ciceronis Partitiones Oratoriae expliciunt. Die Personen des Dialogs: Cicero filius und Cicero pater sind durch bestimmte Siglen bezeichnet. Zum erstenmal verwertete Kayser in seiner 1860 erschienenen Ausgabe in ausgiebiger Weise diesen ältesten Codex der Part. or. nach einer von Daremberg angefertigten Kollation. Von neuem verglich jetzt Dr. H. Dierks diese Hs. für Herrn Dr. Friedrich in Mühlhausen (Thüringen), der zusammen mit den grösseren rhetorischen Schriften Ciceros auch die Part. or. in Bälde bei Teubner herausgeben wird. Derselbe war so gütig, mir von dieser genaueren Kollation eine Abschrift zu senden.

2. **Parisinus** 7696 membr. s. XII. Von fol. 111ʳ bis fol. 120ʳ reichen die Part. or. Als inscriptio findet sich: M. Tullii Ciceronis Partitiones Oratoriae incipiunt feliciter; die subscriptio ist die gleiche wie im Par. 7231. Durch die Parisini ist somit jetzt auch handschriftlich „Partitiones

oratoriae" als der wahre Titel der hier behandelten Schrift Ciceros erwiesen. Zum erstenmal verglich ich im Frühjahr 1885 gelegentlich anderer handschriftlicher Studien den Par. 7696 in Paris. Derselbe ist in 2 Kolumnen, jede zu 34 Zeilen, geschrieben; die Schriftzüge sind klein, jedoch schön und weisen uns mindestens auf das zwölfte, wenn nicht auf ein früheres Jahrhundert hin. Durch irgend einen Umstand fielen auf der 2. Kolumne von fol. 119ʳ die Worte von § 136 *et voluntate defendet* an bis § 139 *concludere et videre* aus; auf fol. 128ʳ finden sich dieselben in durchlaufender Schrift von einem zweiten, aber gleichzeitigen Schreiber nachgetragen. Dieses Blatt, das sich von den übrigen der Hs. dem Aussehen nach etwas unterscheidet, wurde offenbar dieser Lücke halber hinzugefügt, zumal da auf demselben nichts weiter als der erwähnte Nachtrag steht. Personenbezeichnungen sind nicht gebraucht, dafür aber ist häufig, wenn der Redende wechselt, eine neue Zeile angefangen, z. B. 3 mal § 1 und 2; dasselbe geschieht oft auch bei Beginn eines neuen Abschnitts oder Gedankens. Dabei wird gerne der erste Buchstabe als Initialbuchstabe an den Rand vorgerückt; so stehen auf demselben im Anfang viele Q, die nicht etwa als Korruptelzeichen (= quaere) aufzufassen sind, sondern zu bestimmten Wörtern im Texte gehören. Unsere Hs. hat daher Ähnlichkeit mit dem von Birt „das antike Buchwesen in seinem Verhältnis zur Litteratur" S. 219 f. erwähnten cod. Parisinus 6332. Manchmal wurde dieser Initialbuchstabe, der mit roter Tinte erst nachträglich, wie es scheint, hinzugefügt wurde, vergessen, z. B. 5 [*Q*]*uid est argumentum?* 78 [*I*]*N communione.* Dieselben Inhaltsangaben, die wir im Paris. 7231 finden, stehen auch im Paris. 7696, nämlich 5 De vi oratoris; 26 De oratione; 61 De quaestione. Ebenso treffen wir in beiden Paris. bisweilen Spuren älterer Schreibweise, z. B. *quoi* 67, 76 (*quo*); *quoius* 32, 64, 77.

3. **Erlangensis** 848 membr. s. XV. fol. 152ʳ—161ʳ. Über diese Hs. vgl. die ausführliche Abhandlung Piderits: Zur Kritik von Cic. Part. or. Programm von Hanau 1866.

4. **Erlangensis** 858 chart. s. XV. In stark abgekürzter Schrift beginnt auf fol. 73ʳ Marcij Tulij Ciceronis de partitione artis rethorice sub dyalogo liber und endet auf fol. 91ʳ mit der subscriptio: Explicit liber marcij tulij ciceronis de partitione artis rethorice. Valet igitur haec ars (mihi crede) supra aurum et thopasion. Die Hs. stammt der auf fol. 72ʳ befindlichen subscriptio zufolge aus Heidelberg; dieselbe scheint noch mehr als Erl. 848, von dem Piderit dies hervorhebt, Unterrichtszwecken gedient zu haben. Dieses beweisen, abgesehen von solchen Überschriften, wie sie Piderit a. a. O. S. 2 erwähnt, die Schemata, die besonders im Anfang sich finden, und die Stichwörter am Rande, sowie namentlich die Anwendung verschiedener Tinte. Einzelne Wörter, ja selbst ganze Zeilen, die von Wichtigkeit sind, wurden rot unterstrichen, damit sie sofort in die Augen fallen; das gleiche gilt von den Buchstaben C (= Cicero filius) und M (= magister oder = Marcus, wie im cod. Oxoniensis Stae Magdalenae 206 steht, statt Cicero pater).

5. **Erlangensis** 863 chart. s. XV. In äusserst schöner, nur wenig Abkürzungen enthaltender Schrift steht auf fol. 2ʳ 30ᵛ M. Tulij Ciceronis de partitionibus artis rhetorice ad filium suum Ciceronem per dialogum liber compositus. Als Personenbezeichnungen finden sich jedesmal Cicero und Tulius ausgeschrieben und zwar mit roter Tinte. — Infolge der Liberalität der Erlanger Bibliotheksverwaltung war es mir möglich, die Kollation der 3 Erlanger Hss. hier vorzunehmen.

6. **Redigeranus** (nicht Rehdigerianus, wie Orelli und Klotz, oder Rhedigeranus, wie Kayser schreibt) membr. s. XIV/XV. Diese Hs. ursprünglich zu der von Thomas Rediger 1575 gegründeten Bibliothek gehörig ist jetzt Eigentum der Magistratsbibliothek von Breslau. Auf 2 Quinionen und 6 Blättern enthält dieselbe Marci Tulii Ciceronis orationes (so) partitiones ad Ciceronem suum und zwar in einer Schrift, die ausserordentlich schön ist und nur wenige Abkürzungen aufweist. C. F. wurde mit roter Tinte durch C und C. P. teils durch T, teils durch M bezeichnet.

7. **Vitebergensis** membr. s. XV. Auf fol. 22ʳ beginnt M. T. Ciceronis de particione ad M. filium und endet auf fol. 54ʳ. Namensbezeichnungen wurden erst von einem zweiten Schreiber am Rand hinzugefügt. Gemäss der Unterschrift am Ende des Codex wurde derselbe im Jahre 1432 in Rom geschrieben. — Von den zuletzt genannten 2 Hss. fertigte Herr Dr. Friedrich neue und zwar genauere Kollationen als die in der Orellischen Ausgabe verzeichneten an. Für die grosse Güte, mit welcher der genannte Herr mir die Abschrift dieser Kollationen gestattete, spreche ich demselben auch hier meinen Dank aus.

Um die an sich trockene Erörterung des Handschriftenverhältnisses durch sofortige Besprechung einzelner Stellen etwas interessanter machen zu können, setze ich an den Anfang meiner Abhandlung bereits meine Ansicht über die 7 soeben genannten Hss. Wie die folgende Untersuchung ergeben wird, zerfallen dieselben in 2 Klassen. Einmal gehören Parisinus 7231 (**P**) und 7696 (**p**) sehr enge zusammen; dieselben bilden die 2 Vertreter einer älteren Klasse, die ich mit **A** bezeichne. Die andern 5 Hss. sodann, die ich mit **J** zusammenfasse, stehen hinter A zurück und zerfallen wieder in 2 Gruppen: in **E**, aus welchem Erlangensis 848 (**H**) und 858 (**B**) hervorgingen, und in **X**. Von letzterem stammen Erlangensis 863 (**Z**), Redigeranus (**R**) und Vitebergensis (**V**). Auf RV jedoch wirkte noch A ein, so dass diese Hss. für sog. Mischcodices erklärt werden müssen.

Der Codex A, die Vorlage der beiden Parisini.

Von den Mängeln, mit denen A behaftet ist, sind vor allem die ziemlich zahlreichen Auslassungen hervorzuheben. Man muss dem Schreiber den Vorwurf einiger Flüchtigkeit machen, sonst hätte derselbe nicht so oft durch gleiche Endsilben oder gleiche Wörter zu derartigen Fehlern veranlasst werden können. Bisweilen ist es nur Ein Wort oder auch nur Eine Silbe, die auf diese Weise ausfiel, z. B. 9 *est in proposito finis* [*fides*]. 11 *quas* [*res*] *sibi proponet*, 22 *animi* [*mi*]*scit* (*animi miscet*) — gewöhnlich jedoch sind es mehrere Worte, z. B. 28 *conferendis* [*et cum eis qui dis*]*ceptant* (aus *ceptant* wurde *capiant* gemacht), 77 *duobusque modis* [*in rebus commodis dis*]*cernitur* (temperantia). Noch leichter erklärlich wird der Irrtum, wenn man, wie Stangl überzeugend dar- thut (Bl. f. bayr. Gym. XVIII 256), *in rebus commodis cer- nitur* liest. Derartige Auslassungen beobachtete ich in der nicht besonders grossen Schrift noch 24 mal. Auch an solchen Stellen fehlt es nicht, wo wir uns für die Auslassung keinen so einfachen Grund wie das Homoioteleuton denken können, z. B. 55 *maximeque* [*definitiones*] *valent*, 105 *dolor iustus* [*vim illam excitavit*], *non tribuni actio*. Sollte man nicht nach Lambins Vorgang mit EZ *vim tum illam* (auch V *tum*, R *tamen*) schreiben? Es zeigt sich uns somit hier in P und p die nämliche Erscheinung, die man bei den codd. mutili von Ciceros Schrift de oratore beobachtet (vgl. meine Disser- tation in acta sem. Erlang. III bes. S. 6); hinsichtlich dieses Fehlers also besteht eine Verwandtschaft zwischen den älteren Hss. von de or. und den Part. or. Diese vielfachen Auslas- sungen sind auch ein Hauptgrund, weshalb wir in den Part. or. ebenso wie in den grösseren rhetorischen Werken zur An- nahme zweier Hssklassen genötigt sind; dabei ist bemerkens- wert, dass bis jetzt nur junge, gewöhnlich dem 15. Jahrh. angehörige Hss. bekannt sind, die den Text der Part. or. vollständig, d. h. ohne den behandelten Fehler, überliefern. Für die Kritik ergibt sich nun aus der besprochenen Eigen- schaft von A die praktische Folge, dass Wörter, die hier fehlen und an sich entbehrlich wären, wenn nicht auch andere Gründe dazukommen, durchaus noch nicht als Gloseme in den andern Hss. betrachtet werden können, z. B. 83 *id est reliquis et honestatibus* [*in civili ratione*] *et commodis ante- ponendum*, 94 *cuius generis vis raria est et saepe aut maior aut minor*, [*ut etiam illa* (nach EZ *ea*), *quae maximam vim habet, sola saepe causa dicatur*]. Die eingeklammerten Worte sehen allerdings einer Randbemerkung nicht unähnlich; sie fehlen auch in RV und in der editio Veneta 1493.

Die Berufung auf das Fehlen in A ist daher kein hinreichender Grund zu den Einschliessungen, die Kayser vornahm: 9 *tot sunt enim* [*motus*] *genera* — 20 *verba gravitate delecta ponuntur et translata* [*et superlata*]; vgl. 53, wo dieselben 3 Ausdrücke neben einander stehen: *non volgaria superlata inprimisque translata*, sowie Quint. inst. or. VIII 3,43 *delecta translata superlata* (AGS *supralata*). Nach AEZV 53 und ZV 20 wird jedoch *supralata* zu schreiben sein, nur der vielfach nach eigenem Gutdünken verfahrende Schreiber von R überliefert *superlata*; vgl. acta sem. Erlang. III 29 und Friedrich, Cic. op. II adnot. crit. zu 6,3 und 95,3. Für *supralata* spricht auch Or. 139 *saepe supra feret quam fieri possit*. — 20 *ab ipsa actione* [*atque imitatione*] *rerum non abhorrentia*. Auch Quint. inst. or. VIII 3,43 hat *imitatione*. — 21 *Suare autem genus erit dicendi* [*primum*] *elegantia* — 42 [*aut pietatis*] *aut pudicitiae .. nomine*, vgl. de inv. II 65 *ac naturae quidem ius esse .. ut religionem, pietatem* — 77 *In rebus* [*autem*] *incommodis* — 106 *ubi aliquid recte factum aut concedendum esse* [*factum*] *defenditur*; *recte factum* entspricht dem *rectum esse* in § 101 und *factum* dem *quod feceris*.

Bemerkenswert sind noch folgende Stellen:

43 A *iure et recte* (*J iure et rectene*) *actum sit quaeri solet*. Kayser und Klotz schreiben *iure et recte necne*, eine La., die sich allein auf Gudianus[2] gründet und daher handschriftlich wenig beglaubigt ist. Da an den hieher gehörigen Stellen immer nur Ein Begriff, entweder *iure* oder *recte*, steht, so hiess es vielleicht ursprünglich nur *iure necne actum sit*; vgl. Part. or. 102, 106 *recte factum*, 129 *iure se fecisse*, Cornif. I 24 *iure an iniuria factum sit, quaeritur*, II 19, de inv. I 10, 18, II 70, de or. II 106, 113.

77 Piderit schreibt *et omne, quod est eius generis, grave, sedatum, non turbulentum*. Da *non turbulentum* dasselbe bedeutet wie *sedatum*, so berechtigt uns hier wohl das Fehlen von *non turbulentum* in A zu der Annahme, dass diese 2

Worte nicht echt sind, sondern zunächst als Erklärung über *sedatum* gesetzt wurden, worauf sie mit mannigfacher Abänderung in den Text kamen (vgl. Orelli). Ich halte daher Stangls Konjektur (a. a. O. S. 256) *grave sedatum luculentum* nicht für wahrscheinlich, da in der Urvorlage kaum, wie derselbe annimmt, *grave sedatum turbulentum* stand.

137 Nach A könnte man *genus eiusmodi calliditatis et calumniae trahetur* (vulg. *retrahetur*) *in odium iudicis* zu schreiben versucht sein, vgl. z. B. 108 *eo trahere significationem scripti, quo expediat,* Cornif. I 8 *In invidiam trahemus,* 12 *unum quidque trahimus ad utilitatem*; zudem scheint *retrahere* in dieser Verwendung bei Cicero nur hier sich zu finden. Allein der Umstand, dass in A auch sonst das verbum simplex statt des compositum unrichtig überliefert wird (z. B. 41 *quid sit* [*e*]*luceat,* 122 *in* [*con*]*firmandis*), sowie dass in den Part. or. manche Ausdrücke und Wendungen vorkommen, die wir in den übrigen Schriften Ciceros nicht lesen (vgl. unten zu § 53), hält mich ab *trahetur* zu befürworten.

Auch von der zweiten Gattung der Fehler, die sich gewöhnlich in den Hss. finden, den selbständigen Änderungen und Zusätzen, kann man A leider nicht völlig freisprechen. Weniger auffallend sind Fehler wie die folgenden, die durch Verschreibung entstanden: 58 *ad deliberationem* (st. *ad delectationem*), 82 *inridendis* (*inreniendi*) *locis,* 96 *reprehendendi* (*reprimendi*), 98 *sine testimonio* (*sine testamento*) etc. Allein ganz abgesehen von der allen Hss. gemeinsamen grossen, aus Topica 8—11 entnommenen Interpolation, die sich § 7 nach den Worten *Quae inra infixa sunt rebus ipsis* findet (siehe Orelli), erkennen wir selbst in A einigemal deutlich die Spuren eines Korrektors, z. B. 42 *cum ex facto constant et nomine* (*cum et factum constat et nomen*) — 44 *exempla quibus* ⟨*sit*⟩ *simili* [*in*] *disputatione caeditum. Non est conquerenda* (*creditum non sit; conquerenda*). Kayser schreibt unrichtig nach A *creditum non est.* Man begreift sofort, warum hier in A *est* steht; überdies findet sich vorher *sit* ja auch in A und dann folgt *si . . sit exposita.* — 71 *Conficitur genus hoc dictionis narrandis factis (quod . . accommodantur (accommodate)* etc. Die Veranlassung zu diesen und ähnlichen Änderungen war, wie es scheint, gewöhnlich eine sei es wirklich vorhandene oder auch nur vermutete Verderbnis der Überlieferung, die der Schreiber zu beseitigen suchte. Diese Beobachtung, dass nicht einmal der Schreiber von A seinem Text ganz objektiv gegenüber stand, mahnt uns selbst gegen diesen zur Vorsicht. Hieher rechne ich:

10 A (darnach auch R) *ita aut ut (qui) delectetur (audit) aut ut statuat aliquid.* In EZV[1] lesen wir *qui* und *audit* nicht. Ich halte diese Worte für eine ursprüngliche Randbemerkung, die aus dem Vorhergehenden *aut auscultator modo est qui audit* leicht genommen werden konnte, und schlage daher vor *ita aut ut delectetur aut ut statuat aliquid.*

98 Man könnte an *quid aequius aut quid* (A *atque) aequissimum* (vulg. *aequissimumre)* denken, allein vgl. 7 A *aut ipsi aut contrario* (vulg. *ipsi contrariove).*

102 Vulg. *secundus autem* (status) *definitione atque descriptione aut informatione verbi* (tractandus est). In J fehlen die Worte *descriptione aut* und Kayser schliesst dieselben ein, A dagegen überliefert *definitione aut descriptione atque informatione.* Beim status definitivus handelt es sich um zweierlei: 1. um *definitio* mit ihren 4 Species notio, proprietas, divisio und partitio und 2. um *descriptio,* nach Top. 83 = χαρακτήρ; vgl. Part. or. 123 *definiendo describendoque verbo.* Das dritte Wort aber, das sich in A findet, *informatio* bedeutet das nämliche wie descriptio nach dem Auct. de schem. dian. 10 S. 72, 31 H.: χαρακτηρισμός est quod latine informatio vel descriptio appellatur. Darnach halte ich es für wahrscheinlich, dass *descriptio* in A ursprünglich über dem selteneren Wort *informatio* als Erklärung stand und deshalb zusammen mit *aut* wirklich eingeschlossen zu werden verdient.

Verhältnis von P zu p.

Mit Recht wies Kayser dem Codex P die erste Stelle unter den Hss. zu den Part. or. an; sehr nahe kommt nun demselben p. Zwar finden sich in letzterem etwas mehr Fehler als in P, jedoch sind dieselben gewöhnlich unbedeutend und beruhen zumeist auf Verschreibung; sie sind zum grössten Teil entweder vom gleichen Schreiber oder von einem zweiten ziemlich gleichzeitigen verbessert. Erwähnenswert ist nur 53 *manifestatio* in den Worten *Est igitur amplificatio gravior quaedam manifestatio* (p² *affirmatio*); nach dem Lexikon von Georges⁷ findet sich dieses Wort nur bei den Kirchenschriftstellern.

Zum Beweis für die Unrichtigkeit der Annahme, dass p aus P selbst stammt, worauf man vielleicht bei oberflächlicher Betrachtung kommen könnte, weise ich zunächst auf Stellen hin, an denen der Schreiber von p die Vorlage, die wohl manchmal etwas undeutlich geschrieben war, anders las als der von P, z. B. 18 P *initum* st. *Latinum*, p *linum*, 20 P *maximis*, p *maxime*, das unrichtige *is* wurde erst übergeschrieben, 85 P *fieri possit* st. *potest*, p *fieri potest si*, offenbar stand *si* über *potest*, 119 P *non sed a certum*, zwischen *a* und *certum* steht *ut* über der Zeile, p *non sed tam acertum* mit Korruptelzeichen über *tam* und *acertum*.

Sodann sind von Bedeutung die Auslassungen, die P, nicht aber p hat, z. B. 3 [*col*]*locanda*, 23 *de conversa* [*ora*]*tione*, 27 *ad fidem quoque* [*vel*] *plurimum valet* (*vel* fehlt auch in B, steht aber in H), 66 *quid honestissimum* [*quid utilissimum quid aequissimum*] etc. Darnach scheint es fraglich, ob 7 *ea*, das nur in PR fehlt, in den Worten *aut ea quae quasi pugnantia inter se* von Kayser und Klotz mit Recht ausgelassen wurde.

Endlich verdienen Beachtung kleine Zusätze und Änderungen, die p nicht teilt: 10 P *in laudatione* (p *in laudationis*), p stärkt das in EZ überlieferte *laudationes*, so dass Klotz nicht recht daran that, nach R *laudationem* aufzunehmen, 12 *inac-*

qnabili (so ältere Hgg., *inaequali*) *carietate*, 43 *ex ⟨ea⟩ loco-*
rum descriptione, 54 *quid quemque* (*quamque*, wie Kayser und
Piderit mit Recht aufnahmen, H *quamquam*) *deceat*, 69 *sus-*
pecta (*suscepta*), 115 *occultare non posset ⟨aut si a reo dici*
poterit aut alia ratione commodius effici potuisse aut non
fuisse tam amentem etc. bis *possit⟩* (auch in EZ steht dieselbe Glosse, jedoch nur bis *amentem*), 122 *Atque haec idem*
(*hoc quidem*) . . *faciendum*. Die Übereinstimmung von p mit
E (auch P *faciendum!*) beweist, dass im Gegensatz zu Kayser
und Klotz, die *Atque haec quidem* . . *facienda* aufnahmen,
Piderit richtig nach dem Vorgang von Schütz *Atque hoc qui-*
dem . . *faciendum* schreibt. Dagegen möchte ich das § 80
in P sich findende *et*, das Kayser nach eigner Vermutung
einsetzte, für die ursprüngliche La. halten: *Sunt alii quidam*
ficti (so A st. *perfecti*) *animi habitus ⟨et⟩* (= und zwar) *ad*
virtutem quasi praeculti et praeparati. — Zu erwähnen sind
noch 3 Wortstellungen in P, von denen jetzt, da p mit J
übereinstimmt, anzunehmen ist, dass sie durch ein Versehen
des Schreibers entstanden: 50 *multi etiam vitam suam* (so
Kayser und Klotz st. *suam vitam*) *neglexerint*; auf *suam* ruht
hier entschieden das Hauptgewicht. 108 *eo trahere scripti*
significationem (so Kayser st. *sig. scr.*) und 117 *primum*
genus erit ipsum (so auch R und alle Hgg. st. *ip. er.*) *lau-*
dandum.

An folgenden Stellen halte ich die Überlieferung von p
für sehr beachtenswert:

24 *idem quasi sursum versus* (so auch RV, vulg. *versum*)
retroque dicatur. Piderit trennt, wie mir scheint, *quasi sursum*
nicht richtig von *versum*, es gehört vielmehr *versus* mit *sur-*
sum enge zusammen, wie Or. 135, wo Heerdegen und Stangl
cum gradatim sursum versus (*⟨itur et⟩* Stangl) *reditur*
schreiben.

44 *accidere* (J *accedere*) *autem oportet de* (P *ut*, EZ *ad*)
singula. Die Überlieferung von p legt die Vermutung nahe,
dass es ursprünglich *decidere* st. *accidere* hiess; ich möchte
daher gerne schreiben *Decidere autem oportet singula*: sie

universa frangentur. Ebenso gut wie Piderits Änderung *incidere* (schon Schütz vermutete dieses) passt wohl auch *decidere* (ab-, weghauen).

45 *Quoniam unde inveniantur* (auch R² und Lambin, vulg. *inveniuntur), quae ad fidem pertinent, habeo*; vgl. de or. II 350 *Habetis de inveniendis rebus quid sentiam* (Sorof), Part. or. 103 *quid defenderet non haberet.*

61 *Duo sunt, ut ‹in› initio* (ebenso RZ, vulg. *initio) dixi, quaestionum genera.* Die Worte *in initio* (im Anfang der Schrift) beziehen sich auf § 4; vgl. über den Unterschied von *initio* und *in initio* Antib.⁶ s. v. und Kühner lat. Gr. II 262.

67 Nach p¹ HZ halte ich für die ursprüngliche La. *in timore delendo*; hieraus machten Pp² *in t. deleniendo* (Orelli, Klotz), B *in t. dolendo* und RV *in t. tollendo* (Ernesti, Schütz, Piderit). Was *delenire* betrifft, so scheint mir dasselbe nicht gut zu *timorem* zu passen, da Cicero nach Georges und Merguet dieses Verbum stets auf einen persönlichen Begriff in der Bedeutung von besänftigen, für sich gewinnen bezieht; dagegen glaube ich, dass *delere* mit *timorem* ganz gut verbunden werden kann, vgl. pro Rosc. Am. 6 *postulat, ut . . deleatis ex animo suo suspicionem omnem* (siehe Landgraf), in Verr. act. pr. 49 *turpitudinem atque infamiam delere ac tollere*, Caes. b. g. II 27, 2. Daher halte ich Kaysers Änderung *in timore demendo* für überflüssig.

70 *quod a meliore* (ebenso B) *parte laudationis est appellatum*, noch Piderit nahm das ungewöhnliche *a meliori parte* auf. Diese Stelle ist jetzt in Kühners lat. Gr. I 223 Anm. 1 zu streichen.

97 *Principia autem in sententiis dicendis brevia esse debent* (ebenso E, ed. Ven.; *debebunt* Pp²RVZ). Da im Folgenden nur das Praesens sich findet: *quare proponere . . debet; oratio . . debet ornatior esse*, so erscheint mir die La. *debent* als die richtigere. — *Non enim supplex ut ad iudicem venit orator, sed hortator atque actor* (st. *auctor*). p bestätigt also Stangls Vermutung, der Philol. XLIV 290 bereits *actor*

vorschlug. *Auctor* und *actor* wurden gern verwechselt, z. B.
54 A *auctione* st. *actione*, 110 EV *auctore* st. *actore*. Über
actor vgl. Brut. 221 und Or. 61.

106 *a decio*. Da auch H nur *a*, nicht *ab* hat, so ist
vielleicht *a Decio* zu schreiben; vgl. H. Meusel, Jahrbb. f.
Phil. 1885 S. 402. Die Hss. weichen hier sehr von einander ab.

113 *aliqui* (P *aliquis*, J, Orelli, Piderit *alius*) *repentinus
animi motus*. Ebenso kann man nach A vielleicht auch 101
tres sunt gradus, ex quibus unus aliqui (EZ *alicui*, RV *aliquis*)
capiendus est aufnehmen. Die Verwechslung von *aliquis* und
alius, die Part. or. 113, de inv. I 90 (vgl. meine Abhandlung
Philol. XLV 495) vorliegt, findet, wie ich glaube, auch de
or. I 215 statt, wo ich *aliam scientiam* (= eine zweite
Wissenschaft, die Hss. *aliquam sc.*) *dicendi copia est conse-
cutus* zu schreiben vorschlage; vgl. de or. I 217 *aliam quoque
artem* und 246 *aliam artem*.

124 *sit ergo haec contentio prima verborum, in quo* (auch
RV, vulg. *in qua*).. *accusator sententia legis nititur*; vgl.
10 *quae quia in laudationes maxime confertur, proprium iam
habet ex eo nomen*, 93 *in quo* .. *quaeri solet*, ferner de or.
I 219, II 72, 83, 101 etc.

132 *discrepare cum ceteris scriptis vel aliorum vel maxime,
si potuerit* (vulg. *poterit*), *eiusdem*; vgl. *si potuero* de or. II
85, Brut 21 (Jahn-Eberhard), de leg. II 18 (du Mesnil);
quidquid potuerit de or. II 330.

Ich füge hier noch eine kurze Bemerkung über den von
Orelli benützten cod. Gryphianus (Y) an „cuius excerpta
dedit Jo. Michael Brutus in editione Lugdunensi apud Gry-
phium MDLXX.“ Nach den allerdings ziemlich spärlichen
Mitteilungen über die La. dieser Hs. in der Züricher Ausgabe gehört dieselbe zwar äusserst enge mit P und p zusammen, ist aber doch nicht, wie Sauppe a. a. O. S. 1870
zu vermuten scheint, mit P eine und dieselbe. Denn an 11
Stellen werden von ihr andere La. erwähnt, als sich in P
oder auch in p finden. Darunter sind richtige 54 *ponderanda*
(A *ponderata*), 61 *Sed est propositum* (in A fehlt *est*). 91 *fugit*

(*C fugiat*), 132 ziemlich richtig *utetur* st. *nitetur* (A *uteretur*). 38 stimmt Y mit J überein *accidit* (A *cecidit*), 90 hat Y die fehlerhafte Überlieferung *humanum atque expolitum* (Orelli st. *humanum et politum*), 130 finden wir einen Zusatz *quodammodo* ⟨*ratione*⟩ *naturae iure*. Zweifelhaft ist dabei freilich, wie viel man sich auf Orellis Angaben verlassen darf; so viel scheint aber festzustehen: nachdem wir jetzt genaue Kenntnis von P und p haben, können wir den cod. Gryphianus wohl ausser Acht lassen.

Die Codices Erlangenses 848 (H) und 858 (B).

Da Piderit über die Hs. H ausführlich gehandelt hat und hieraus die Beschaffenheit von E, der Vorlage von BH, zur Genüge sich erkennen lässt, indem B Zwillingsbruder zu H ist, so erübrigt mir nur einiges wenige über das Verhältnis von H zu B zu sagen. Durch B ergibt sich, dass nicht alle La., die Piderit von H anführt, in der Vorlage E sich fanden, sondern dass ein Teil derselben erst durch den Schreiber von H entstand. Zu den grösseren Auslassungen, die Piderit von H verzeichnet, kommen in B noch hinzu 42 *de facto* (1ᵇ *facti*) [*quaeque de facti*] *appellatione* und 108 *abducere* [*vel alio se eadem de re contrarie scripto defendere*]. Die sonstigen Auslassungen, die B allein hat, sind wenige und betreffen nur ein einzelnes Wort oder eine Silbe. Erwähnung verdient, dass 54 *quae ascendunt gradatim ab humilioribus verbis ad superiora* das von Schütz beanstandete und darnach von Piderit eingeschlossene *verbis* sich in B nicht findet. — Hingegen ist es auch mehrmals der Fall, dass Wörter und Silben, die in H ausgelassen sind, in B stehen. Dieser Umstand beweist schon allein, dass weder H aus B, noch B aus H abgeschrieben ist, sondern dass beide aus der gleichen Vorlage stammen. 102 *tertius* (status) *aequi et veri et recti et humani ad ignoscendum disputatione tractandus est*. In H allein fehlen die Worte *et recti*, und Kayser klammert sie ein. Zu den Gründen, mit denen Piderit dieselben verteidigt, kommt nun noch hinzu, dass sie sich in B finden, also auch in E, wie in allen andern Hss., standen. — Die Zahl der sonstigen jeder Hs. eigentümlichen Fehler, die gewöhnlich durch Verschreibung verursacht sind, ist so ziemlich die gleiche, so dass H und B auf Einer Stufe stehen. Von H ist hervorzuheben, dass der Schreiber desselben einigemal, wie aus Piderits Programm zu erkennen ist, in der Wortstellung sich irrte, was er z. B. 50 *sibi ipsi* (vulg. *ipsi sibi*), 82 *in rebus his* (vulg. *in his rebus*) selbst merkte, indem er sich sofort verbesserte. Wie jetzt B beweist, beruht so auf Irrtum die von Piderit angenommene Stellung: 34 *quod numquam fit aliter* (vulg. *al. fit*), 137 *contra verborum acerbitatem* (vulg. *con. acerb. verb.*). Ingleichen stand wohl nicht in E 106 *ad consultationis* (so Piderit nach H st. *consultationum*) *formam revocantur.*

Erwähnenswert sind noch folgende Stellen:

2 Auf BH allein gründet sich *C. F. Visne igitur, ut .. interrogem? C. P. Sane* [*si*] *placet*, eine La., die von Piderit ausführlich verteidigt wurde. Friedrich hat mich jedoch brieflich wohl mit Recht darauf hingewiesen, dass die Höflichkeitsformel *si placet* auch hier ganz am Platze sei; man dürfe nur „incipe" oder „interroges" ergänzen.

. 104 B hat allein richtig *Haec .. lata, ut dixi, et fusa* (st. *confusa*) *sunt.* In dieser Hs., sowie in R, findet sich auch das von Sauppe a. a. O. S. 1877 geforderte *At* in § 107 *At* (vulg. *Ac*) *ne hoc quidem genus in eas causas incurrit.*

113 Nach HR schrieb Piderit *suspitio confirmatur, cum et voluntatis in reo causae reperiuntur et facultas.* Klotz und Kayser dagegen nahmen nach A .. *et facultatis* auf, das auch in BZV sich findet. Zwar halte auch ich wie Sauppe a. a. O. S. 1876 diese La. nicht für richtig, glaube aber, dass daraus nicht *et facultas*, sondern *et facultates*, dem *et .. causae* gegenüber steht, zu machen ist; vgl. 115 *causis ipsis et efficiendi facultatibus niti oportebit*, 119 *Defensionis autem primum infirmatio causarum . . . Facultatum autem infirmatione utetur*, ferner 7, 95, de inv. I 29.

Der Codex Erlangensis 863 (Z).

Da auch diese Hs. die Auslassungen, wie sie sich in A finden, nicht aufweist, so gehört sie zur gleichen Klasse wie BH; jedoch geht sie nicht mit denselben unmittelbar auf die nämliche Vorlage zurück, indem sie von den grossen Lücken, die E hat (§ 18 von *quod non est* bis § 25 *commutanda* und § 56 von *ut fratrum* bis § 64 *in obscuris*), frei ist. Z bildet somit einen selbständigen Vertreter der Klasse J, steht aber wegen der viel grösseren Anzahl der Irrtümer und absichtlichen Änderungen weit hinter E zurück. Besonderen Wert hat diese Hs. zusammen mit RV nur in den Paragraphen, welche in E ausgefallen sind. Da es sich nicht verlohnte, auf die vielen Fehler des Z, auf die mancherlei Auslassungen und Zusätze näher einzugehen, zumal da ich bei der Behandlung von RV noch darauf zu sprechen komme, so will ich hier nur die Stellen anführen, an denen die La. sei es aller Ausgaben oder einer einzelnen unter den hier besprochenen Hss. auf Z allein sich gründet.

Die richtige La. bietet Z allein: 20 *ab ipsa actione* ⟨*atque imitatione*⟩ *rerum*, 74 *in quibus quidem* (A *quid*, ERV *quod*), 113 *repentinus* (AERV *reperitur*) *animi motus*, 125 *nititur* (AERV *utitur*).

Im Gegensatz zu Kayser und Klotz nahm Piderit einigemal nicht mit Recht eine La. auf, die nur in Z vorkommt: 6 *quae sunt genera* (gen. *sunt*). Besonders was Wortstellungen betrifft, verdient Z wegen der zahlreichen willkürlichen Änderungen gar keinen Glauben. Hieher gehören noch 34 *in verisimilibus . . notis posita est tota* (pos. *to. est*), 75 *servandus est ordo* (or. *est*), 108 *utrum potius sequatur index* (*ind. seq.*) — 6 *ea remota appello, ut testimonia. C. F. Quid insita? C. P. Quae* (st. nach ARV[1] *testimonia; insita, quae*) *inhaerent in ipsa re.* Auch aus E, wo *testimonia C Quid M insita que* steht, erkennt man, dass Piderits La. nicht die ursprüngliche ist. —'11 *in suasione* ⟨*autem*⟩ *aut* — 20 *altero* ⟨*vero*⟩ *ut videre videamur* — 30 *dederit occasionem nobis* ⟨*aliquam*⟩

— 66 *de aequitate vero* (*autem*) — 132 *co* (*isto*) *enim* ex-
posito.

In allen Ausgaben findet sich allein nach Z:
3 *C. F. Quot in partes tribuenda est omnis doctrina
dicendi? C. P.* ⟨*In*⟩ *tres* (AERV, Lambin *tres*). Nach Kühners
lat. Gr. II 423 kann die Präposition vor *tres* sehr wohl fehlen,
vgl. z. B. Cato 15 *A rebus gerendis senectus abstrahit. Quibus?
an eis, quae iuventute geruntur et viribus?* Auch der Umstand, dass *Cedo quas*, nicht *Cedo in quas* oder *Cedo eas*, folgt,
bestätigt, dass es vorher nur *tres* heissen kann. Vgl. auch
Part. or. 79, de inv. II 154 (dazu Philol. XLV 489); dagegen Part. or. 55 ist in A die Präposition wiederholt.

29 *quaeque mox de narratione dilucida dicentur, eadem
etiam huc poterunt recte referri.* Klotz allein nahm nach EV
conferri auf; PR überliefern nur *ferri.* Ich vermute, dass es
ursprünglich *recte traferri* (= *transferri*) hiess und nach dem
Verlust von *tra*, der nach *te* leicht möglich war, verschiedene
Änderungen vorgenommen wurden. Es ist nämlich *transferre*
das gewöhnliche Verbum für unser „etwas anwenden auf"
(vgl. Seyffert-Müller, Laelius S. 484), dasselbe findet sich so
gebraucht z. B. Part. or. 30 *multa ex his poterunt ad princi-
piorum praecepta transferri*, 68, 137 (J auch *referantur*) und
138, de inv. I 90, de off. I 51 und so oft (Merguet IV 764).
Die Verwechslung von *transferre* und *referre* findet sich auch
de or. III 167, wo nach LE *transferuntur* geschrieben wird,
AH aber *referuntur* überliefern.

47 *quodque ex eis efficietur, si id apertum* ⟨*sit*⟩, *non
habebimus necesse semper concludere.* Ich glaube nicht, dass
sit notwendig ist, da in den Part. or. öfters das leicht zu
ergänzende Verbum fehlt, z. B. 49 *de singulis testibus, si
natura vani, si leves* etc.; vgl. auch de off. III 58 *Quodsi
vituperandi, qui reticuerunt*, sowie unten zu Part. or. 87.

Die Codices Redigeranus (R) und Vitebergensis (V).

Der Codex V steht zwar hinter R bedeutend zurück, rührt aber wahrscheinlich, wenn auch vielleicht nicht unmittelbar, aus der gleichen Quelle wie dieser her. Die Zusammengehörigkeit beider Hss. bekunden La. wie: 28 *rerum tria genera* (st. *trium rerum gratia*), 67 R *in amplificationis et orationis*, V *in amplificatione orationis* (*in amplificanda oratione*), 88 *patriae* ⟨*provinciae*⟩*que cultus*, 90 *alterum* [*humanum*] *expolitum*, 105 R *iustissime tamen*, V *iustissimi tam*, RV *illam excitavit* (V¹ *excitatum*) *actionem* (*iustus eim tam illam excitavit non tribuni actio*) etc.

Was das Verhältnis der beiden Hss. zu den übrigen fünf betrifft, so führt der Umstand, dass in ihnen die vielen Auslassungen, die wir von A hervorhoben, sich nicht finden, uns sofort zu der Annahme, dass sie zunächst aus der gleichen Vorlage wie EZ, d. i. aus J, abstammen. Enger nun als mit E scheint R und noch viel mehr V mit Z zusammenzuhängen. Diese Vermutung wird bestätigt einerseits durch die Thatsache, dass in RV die 2 grösseren Lücken, die E hat, nicht vorhanden sind, anderseits durch manche richtige oder falsche La., die RVZ allein überliefern.

1. Richtige La. sind z. B. 45 *ex locis iis*⟨*qui sunt*⟩, 66 *de utilitate autem sic* ⟨*ut*⟩, 79 *nihil est enim aliud eloquentia*, 94 *conficiens autem causa*, 98 *ut cum de verissimo accusatore*, 119 *abfuisse*, 130 *et ea* ⟨*quae*⟩ *sine litteris*.

2. Falsche La. sind z. B. 47 *confirmando disputabimus* (*disputando confirmabimus*), 48 *et quonam modo* ⟨*et quonam loco*⟩, 83 *quam eiam et* [*quae*] *praecepta*, 105 *disceptationem* (*de Carpione*), 107 *de* (*ex*) *scripto*.

RV rühren also zunächst von einer Hs. der Klasse J her, auf welche auch Z zurückging; da wir aber in RV, namentlich in R, an nicht wenigen Stellen auch eine Übereinstimmung mit den La. der Klasse A erkennen, so müssen wir annehmen, dass dem Schreiber der Vorlage von RV, vielleicht auch demjenigen von R, 2 Hss. verschiedenen Ursprungs vorlagen. Der Schreiber benutzte nun zwar als Grundlage gewöhnlich die Hs. der Klasse J, manchmal aber, und zwar besonders häufig im Anfang des Werkes, scheint ihm die Überlieferung von A besser gefallen zu haben, so dass er sich an diese anschloss und so neben vielem Richtigen auch manches Fehlerhafte aus ihr in seine Abschrift aufnahm. So lesen wir in R 12 *serrabitur* (*servantur*), 19 *concisa* (*conclusa*), 46 *de re igitur* (*dirigitur*). Einigemal begegnen wir den nämlichen La. wie in p: R 43 *colorum* (*locorum*), 44 *redarguendo* (*redarguenda*); V 4 ad |im]*pellendos animos* (Piderits Angabe „P und H überliefern *pellendos*" ist falsch; es ist an *impellendos* festzuhalten), 5 *argumentaque* (*argumentis quae*), 64 *alterum* ⟨*cū*⟩ (etwa st. aū = *autem?*, vgl. 78 *quarum altera* .. *altera autem*), 82 *quemadmodum* [*quisque generatus quemadmodum*] *educatus*; RV 124 *in quo* (*in qua*). Namentlich sind RV[1] wie p 115 von der in den übrigen Hss. sich findenden Glosse *aut si a reo dici poterit* etc. frei. Es dürfte daher die Annahme nicht als gewagt erscheinen, dass die zweite Hs. eine p mindestens nahe verwandte gewesen ist.

Besonders von R — die andere Hs. V verdient überhaupt weniger Berücksichtigung — lässt sich nun sicher nachweisen, dass der Schreiber 2 Hss. von verschiedener Abstammung benutzte:

1. Einigemal stehen die La. von J und A, d. h. die richtige und die falsche, neben einander: 3 *comis est sed* (richtig *est*, A *si*, daraus wurde *sed*), 15 *contra reo Contraria* (r. *contra reo*, A *contraria*), 22 *invisum tuum* (r. *invisum*, A *tuum*), 69 *altera delectationem sectatur aurium altera ius* (st. *alterius*, A nur *altera ius*), 125 wie A zwar ⟨*ne*⟩ *ratum*, aber doch *habere*. Hieher gehört auch 30 *ut dicamus aliquid ad tempus apte, ne derelinquamus* (AE *relinquamus*, Z *delinquamus*). Dieselbe Abweichung der Hss. findet sich de off. III 40; vgl. Popp de Cic. de off. libr. codice Palatino 1531. Erlangen 1886 S. 32.

2. Vom ersten Schreiber ist öfters eine zweite, aus einer andern Hs. genommene La. an den Rand gesetzt, z. B. 10 steht im Text *auditorum tria sunt genera distingue*, am Rand wie in A *auditorum iam genera distingui*, dazu fügte der Schreiber *oportet*, 22 im Text richtig *ranitate*, am Rand *alius varietate*, 41 mit A *ex partibus*, am Rand *alius ex paribus*, 82 zuerst richtig *erunt consecutae*, dann wurde nach A *consecutae* ausradiert etc.

3. Wie schon S. 6 erwähnt, wechselt R auch in den Personenbezeichnungen. Zuerst wurde T für C. P. gebraucht, schon 23 findet sich dafür M, dann jedoch wieder T bis 98, von da an aber immer M.

Wir haben somit in R (und damit auch in V) Vertreter einer sog. Mischklasse, die zunächst aus J hervorging und sodann vielfach mit A verschmolzen wurde, die aber dennoch neben EZ Beachtung zu verdienen scheint, da sie nicht aus diesen selbst stammt, sondern nur mit ihnen zusammenhängt. Auf Grund dieser Auffassung von RV sind dieselben gewiss mit grosser Vorsicht zu gebrauchen; daher ist gegen die La., die sie allein bieten, fürs erste Misstrauen gerechtfertigt, um so mehr als es in ihnen an eigenmächtigen falschen Änderungen durchaus nicht fehlt. So lesen wir in R z. B. 1 ⟨mihi⟩ *romam*, 4 ⟨ut⟩ *narratio, quaeso* (*quaestio*), 5 ⟨extra⟩ *assumptis*, 11 *in iudicio* ⟨autem⟩ *aut*, 23 ⟨in⟩ *circuitus diriguntur*. Schütz weist nach, dass *in* hier ganz falsch ist; wäre nicht *circuitus digeruntur* (vgl. 75 C *dirigenda* st. *digerenda*) möglich? 35 *marium* ⟨et⟩ *feminarum*, 44 *agesis* ⟨de istis⟩, 54 *tenenda* (*ponderanda*), 58 ⟨hominis⟩ *expectationem*, 66 ⟨sed⟩ *quid utile*, 68 *non eandem* ⟨esse⟩, *genera* [*et praecepta*], 113 *his* [*enim*] *fere*, 118 *mendicata* (*meditata*), 126 *huic* [*tamen*] *ipsi* ⟨esse⟩ etc.

Bei der geschilderten Thätigkeit des Schreibers von R ist es nun nicht zu verwundern, wenn diese Hs. an einigen Stellen allein die richtige La. bietet; dieselbe kann gewiss zum Teil vom Schreiber selbst gefunden sein: 25 *quae quidem .. commutanda* (A *comitatu*, Z *comitata*, V *commutata*,

E fehlt) *est*, 73 *significatu monstris prodigiis* [*et*] *oraculis*, 81 *duritia inmanis* (*inanis*), 113 *roluntatis* (*roluptatis*), 120 *refellet* (*refelletur*), 122 *ut quidque* (Z *quodque*, EV *quicquid*, A verderbte Stelle), 132 *cum disceptatio rersatur* (*rersetur*). Während R 69 die Glosse von EZ *propositarum* ⟨*consultationum controrersiarum*⟩ *causarum* teilt, finden sich dagegen 2 Stellen, wo derselbe auffallenderweise von bisher angenommenen Zusätzen, die wir in den andern Hss. lesen, frei zu sein scheint: 123 *uter ad communem rerbi rim et ad eam* [*eius rerbi*] *praeceptionem* . . *magis accesserit* und 124 mit V *corruptelam* [*profectam*] *ab reo.*

Da man früher vor allem die beiden Hss. V und R sowie ihnen verwandte am besten kannte, so beruhen natürlich namentlich auf diesen die älteren Ausgaben, wie die von Ernesti, Schütz und Orelli. Als man auch Kenntnis von der Klasse A erhielt, sagte sich Klotz, besonders aber Kayser mehr und mehr von jenen Hss. los, Piderit jedoch kehrte wieder sehr häufig zu den La. der früheren Hgg. zurück. Durch genaue Nachkollation mehrerer, bereits bekannter Hss. und durch Hinzufügung von bisher unbenützten, sowie durch Erforschung des gegenseitigen Verhältnisses derselben ergibt sich nun sicher, dass Kayser schon häufig das Richtige traf und Piderit mit Unrecht auf der früher üblichen La. beharrte, indem dieselbe auf die von mir an die 3. Stelle gesetzten Hss. RVZ, die nur mit Vorsicht zu gebrauchen sind, sich gründet. Dieses zeigt sich an folgenden Stellen:

Auf R allein beruht Piderits Schreibweise: 29 *Intellegenter autem ut audiamur et* [*item*] (EZV *etiam*) *attente* — 49 *testimonia* [*autem*] *roluntatum* — 60 ⟨*Et*⟩ *reo rarius utendum* — 62 *sit necne* [*sit*] *quid sit* — 84 *quam sit* [*id*] *magnum*, vgl. z. B. 49 *quam id sit infirmum* — 91 *quis ullum decus tam unquam expetat* (R *exspectat*, V Lücke, AEZ *expetirit*) — 100 *in eam formam* [*causarum*] — 114 *Haec enim* ⟨*et*⟩ *talia* (EZ *et alia*) — 130 *directo* ⟨*et*⟩ *reri et iusti* — 136 *sententia legis roluntateque* (*et roluntate*).

Auf V, der noch weit weniger Stütze gewährt: 22 *significando iudicio ipsius ex* (*et*) *animo* — 26 *Num quidnam* [*tibi*] *de oratore ipso restat*, ebenso schrieb Piderit, wenn auch nach EZV, unrichtig 68 *causarum* [*nobis*] *genera restant* — 91 *Et illud videndum* [*est*].

Auf RV: 55 *Rerum* [*autem*] *amplificatio* — 59 *Huius* ⟨*ipsa*⟩ *tempora duo sunt* — 82 *ex illisque* ⟨*eisdem*⟩ *inveniendi locis* (RV *ex illis quidem*, AEZ *ex illisque*), vgl. 109 *ex inveniendi locis* — 92 *quod* (auch Klotz st. *quid*) *ad utilitatem spectet* . . *reperietur* (93 RVZ auch *quod* st. *quid*). Schreibt man hier *quod*, so musste man wohl auch *spectat*, wie R gleichfalls änderte, aufnehmen. — 117 *qui* ⟨*eam*⟩ *rem totam* . . *repudiassent* (A *qui remotam*, EZ *qui rem totam*).

Auf RZ: 7 *quae* ⟨*sunt*⟩ *quasi pugnantia inter se*. Auch Klotz schrieb *sunt*, dasselbe ist aber aus dem Vorhergehenden wiederholt (vgl. § 113 auf S. 27) — 50 *morique maluerint falsum fatendo quam* [*rerum*] *infitiando dolere*; vgl. Sauppe, der *rerum* a. a. O. S. 1872 gut verteidigt.

Auf VZ: 14 *rerum ordinem prosequitur* (*persequitur*) — 19 *auctoritas et* (*ac*) *pondus* — 59 ⟨*non*⟩*numquam laudatori* (Z *laud. nominumque*, richtig *laud. numquam*; auf diese Weise bekommen wir erst die notwendige Steigerung).

Auf RVZ: 63 *ad aliquod commodum* (*ad aliquam commoditatem*, vgl. 87 *commoditate aliqua*).

Hiezu gesellen sich mehrere Wortstellungen. In diesem Punkte gilt es vor allem einem festen Prinzip zu folgen; wo es nur möglich ist, verdienen die älteren Hss. P und p, zumal wenn sie mit E übereinstimmen, den Vorzug. RVZ verfuhren nämlich mit ziemlicher Willkür; ich könnte viele Stellen anführen, wo dieselben, sei es allein oder zusammen, sicher die Überlieferung änderten. Piderit verliess zwar einigemal die La. dieser Hss., er hätte dies jedoch auch in folgenden Fällen thun dürfen:

Auf R beruht: 49 *comparandique superiore cum* (st. *cum sup.*) *auctoritate* — 93 *vim aliquam ad conficiendum* (*vim ad conf. al.*) — 104 *quaestio exoritur quaedam* (*q. quaed. ex.*). —

Auf V: 5 *quem ad modum motum animis eorum* (auch Klotz st. *eor. au.) afferat* — 83 *omnia ita referuntur* (auch Klotz st. *ita* [fehlt in AR] *ref. om.).* — Auf RV: 83 *ut possem ipse iure (iure ipse) laudari* — 90 *hominum duo esse (esse duo) genera.* — Auf RZ 104 *disceptatio est extrema (ex. est)* — 121 *insidiarum commune (com. in.) periculum.* — Auf ZV: 19 *Communia* . . *sunt haec (haec sunt) quinque quasi lumina* — 24 *triplex adhiberi potest commutatio (com. pot.)* — 27 *Quattuor esse eius partes (eius part. esse).* — Auf RVZ 21 *Suave erit genus (gen. er.) dicendi* — 46 *Argumentandi duo sunt genera (gen. sunt)* — 64 *Cuius generis sunt omnes (om. sunt)* — 68 *quae exposita est (est ex.)* — 84 *aliquid non necessarium* (auch Klotz st. *non nec. al.) videbitur* — 92 *si ipsa minus honestas (hon. min.).* Betrachtet man diese Stellen, so erkennt man, dass die von Piderit aufgenommene Stellung mehrfach die gewähltere ist; dadurch wird es um so wahrscheinlicher, dass sie erst durch Änderung entstand.

Während ich an den bisher behandelten Stellen mit Kayser wenigstens zusammentraf, finden sich die folgenden Vorschläge in keiner Ausgabe. Ich folge dabei der eben benutzten Einteilung, beginne daher mit den bisher üblichen La., die allein auf R beruhen:

6 *C. F. Testimoniorum quae genera sunt? C. P. Divinum et humanum: divinum* [*est*] *ut oracula, ut auspicia* etc. Wie die aus R angeführten Stellen beweisen, liess derselbe gern kleine Wörter aus; *divinum est* sc. genus aber scheint mir möglich zu sein.

37 *illa, quae temporis quasi naturam notant, ut hiems ver aestas autumnus, aut anni tempora* etc. C *ut hiems ut aestas,* dazu setzt R allein *ver autumnus.* Sehen diese beiden Worte nicht einem leicht erklärlichen Glossem gleich? Es ist ja kaum nötig, alle 4 Jahreszeiten anzuführen. Vielleicht hiess es daher ursprünglich *ut hiems ut aestas aut anni tempora.* Die Stelle, die Piderit zu annus aus de inv. I 39 citiert, ist dort interpoliert.

39 *oratio inconstans, tremor et eorum aliquid, quod sensu percipi possit.* In R allein steht *et*; da dasselbe wohl entbehrt werden kann, so halte ich es für einen Zusatz. Kayser schliesst nicht ohne Grund *et eorum* ein, denn die Beziehung von *eorum* ist unklar, da *quod .. possit* folgt. A überliefert *tremor eorum aliorum quid quod.* Da „*r*“ nach *tremor* leicht ausfallen konnte, so möchte ich schreiben *tremor, rerum aliarum quid, quod sensu percipi possit.* Zu *rerum aliarum quid* vgl. Kühners lat. Gr. II 42, der z. B. anführt de div. I 119 *earum rerum utrumque* (CFW Müller freilich *utramque*) *a corde proficisci* und Sall. Jug. 102, 9 *humanarum rerum fortuna pleraque regit* (siehe Schmalz), ausserdem Caes. b. g. III 4 *quarum rerum fieri nihil poterat*, b. c. I 7, II 43.

57 *Et hoc totum quidem* (VZ *quod*) *moveat, si .. exprimatur breviter.* Ich möchte hier A folgen, der überliefert *et hoc totum est quod moveat* (es ist Grund vorhanden, dass dieses Ganze Eindruck macht), *si .. exprimitur breviter.*

62 R *quale autem sit, sic: iuste vivere sit necne utile.* Ich halte *iuste vivere sitne utile* für die ursprüngliche La., so überliefert V, A dagegen *sit neu*, was leicht entstehen konnte, da *utile* folgt, Z *sit nec.* Bezüglich der quaestio generalis vgl. de or. III 116 ff., Part. or. 66 *honestumne sit*; *sitne utile*; *sitne aequum.* Wie hier. so schrieb R auch unmittelbar vorher *sit necne* (st. *sitne*) *ius.*

82 *omnis vis laudandi vituperandique.* Nach AEV ist *et vituperandi* zu schreiben, desgleichen 100 *in privatarum et* (R vulg. *ac*) *publicarum rerum lege.*

101 *illud quod factum fateare neges.* Es wird *id quod*, das abgesehen von A, der eine Auslassung hat, in den übrigen Hss. steht, den Vorzug verdienen.

104 *Nemo .. rationem ⟨aut⟩ potest aut debet aut solet reddere.* Das erste *aut* findet sich in den übrigen Hss. nicht und könnte wohl entbehrt werden. Ich erwähne hier noch: 9 Nach A ist vielleicht zu schreiben *est in proposito finis fides; in causa* [*et*] *fides et motus.* — 13 Nach C verdient Aufnahme *est enim narratio* [*aut*] *praeteritarum rerum aut*

praesentium, vgl. Cornif. I 4, de inv. I 27, Quint. inst. or. IV 2, 31; auch de opt. gen. or. 15.

Nach V allein wird bisher geschrieben:

58 *bonorum ac* (so V¹, *aut* V²) *malorum enumerationes*. Nach ARZ ist *et* an die Stelle von *ac* zu setzen.

91 *propositum quidem nobis erit illud, ut doceamus, qui bona consequi . . possimus*. Statt *qui* hat A *quare*, EZ *quae*, R *qua vi*. Nach A vermute ich, dass es *qua ratione* ursprünglich hiess.

Nach RV:

87 *alia diversa: ut vires forma valetudo, nobilitas divitiae clientelae*. Gut ist in AEZ *ut* vor *nobilitas* wiederholt; dadurch werden treffend die bona corporis von den bona fortunae geschieden.

103 *firmamentum . ., sine quo accusatio stare non potest*. Nach AEZ ist wohl *posset* zu ändern, indem *sine quo* hier den Satz quod si non esset vertritt; vgl. vorher *quod si non esset in accusatione, causa omnino esse non posset* und *quae nisi esset, quid defenderet non haberet*, auch de off. III 40.

113 *In voluntate utilitas ex adeptione alicuius commodi vitationeque ⟨alicuius⟩ incommodi quaeritur*. In A fehlt *vitationeque alicuius incommodi*, in EZ das zweite *alicuius*. Ich vermute, dass dieses ein Einschiebsel in RV ist. Kleine Zusätze sind ja in denselben nicht selten, besonders findet sich einigemal die Wiederholung eines Wortes wie hier, z. B. 16 *partim nativa sunt . . nativa ⟨sunt⟩ ea*, 20 *altero fit . . altero ⟨fit⟩*, 103 *rationem appellamus . . firmamentum autem ⟨appellamus⟩*.

118 *Irridenda etiam disputatio ⟨est⟩*. Entsprechend der kurzen Ausdrucksweise, deren sich Cicero in den Part. or. bedient, fehlt öfters *est* oder *sunt*. Man kann dieses auch hier entbehren, sowie 60 *Reo rarius utendum ⟨est⟩* (so RV, *est utendum* Z, *utendum* A).

Nach RVZ:

38 *Huius* (Z *heac*, V *he*) *igitur materiae ad argumentum subiectae perlustrandae animo partes erunt*. Da die La. von

AE *hac igitur materie ad argumentum* (E *argumenta*) *subiecta* ebenso richtig zu sein scheint, so gebe ich dieser den Vorzug; vgl. de or. II 116 *Ad probandum duplex est oratori subiecta materies,* Part. or. 88.

44 *Agesis ergo* (R *Agesis de istis ergo,* Z *Age: Scis ergo), quoniam . . diviseras orationis fidem.* In AE steht *ergo* nicht, es könnte leicht Zusatz sein.

98 *cum hereditatis sine lege aut sine testamento petitur possessio.* Nach AE wird *ac* st. *aut* aufgenommen werden können; vgl. 108 *quo expediat ac velit,* so Kayser und Klotz st. des früheren *aut velit.*

124 *etiamsi propius accedat* (AE *accedit*) *ad consuetudinem . . defensoris definitio.* Ich halte hier den Konj. für ebenso wenig notwendig, wie 100 *quamquam in ipsum indicium saepe delabantur* (A *delabuntur*).

Schliesslich finden sich folgende Wortstellungen nur in R und V und sind daher wohl zu ändern:

In R: 28 *tollenda ea* (*ea toll.*) *minuendare* — 67 *quem ad modum colendi sint* (*sint col.*) *parentes* — 135 *de periculo rerum publicarum* (*pub. rer.*) *atque privatarum.* — In V: 83 *quamvis utile sit et* (EZ *sit utile et,* AR *utile est*) *si quid.* Liest man *quamvis sit utile,* so erklärt sich der Ausfall von *sit* in A leichter. — In RV: 85 *cum constet hoc genus* (*gen. hoc*) *causarum.* Allerdings ist *genus hoc causarum* die ungewöhnliche, aber doch nicht unmögliche Stellung; vgl. Part. or. 71 *genus hoc dictionis,* de or. III 185 *genus hoc numerorum,* sowie Popp a. a. O. S. 26.

Die in England befindlichen Handschriften zu den Partitiones oratoriae.

Auf einer im Jahre 1882 nach England unternommenen Studienreise richtete Herr Dr. Heerdegen aus Erlangen sein Augenmerk auch auf Ciceros Part. or. und nahm deshalb in den Bibliotheken zu London, Oxford, Cheltenham und

Glasgow Einsicht von 17 daselbst aufbewahrten Hss. Dass sich der genannte Gelehrte dieser Bemühung unterzog, verdient um so mehr Anerkennung, als ja bekanntlich gerade England von den deutschen Philologen selten und weit weniger als Italien und Frankreich aufgesucht wird. Herr Dr. Heerdegen hatte nun die Güte diese Kollationsproben mir zur Verarbeitung zu überlassen und verpflichtete mich dadurch zu lebhaftem Danke.

Um ein anschauliches Bild der gegenseitigen Verwandtschaft dieser 17 Hss. und ihrer Zugehörigkeit zu den Klassen A oder J zu ermöglichen, halte ich es für das Beste, zunächst die La., die jeder Klasse in den § 7, 101 und 102 eigen sind, neben einander zu stellen. Die genannten Paragraphen nämlich sind es, die Herr Dr. Heerdegen zur Vergleichung auswählte. In § 7 findet sich die S. 10 erwähnte grosse Interpolation aus Top. 8—11; § 101 und 102 aber sind besonders passend, weil hier A mehrere der ihm eigentümlichen Auslassungen hat und so der Unterschied zwischen A und J deutlich zu Tage tritt.

A	J
§ 7 quae iura (oder iure) infixa sunt rebus	quae infixa sunt rebus
tum ex nota	tum ex notatione
queritur. sed ad id totum	queritur et ad id totum
alia ex genere	alia ex genere alia ex forma
aut ipsi aut contrario	ipsi contrariove
ut causarum eventus	aut causarum eventus
id si	id est
generum ut partes	generumve partes
§ 101 Ad resistendum est ut id quo de agitur si factum fateare si neges	ad resistendum. Nam aut ita consistendum est ut id quod obicitur factum neges aut id quod factum fateare neges
neque de facti appellatione	neque de facto neque de facti appellatione

quod arguare	quod arguere
§ 102 coniectura quadam	coniectura quedam
definitione aut descriptione	definitione atque informatione
atque informatione verbi	verbi ·
tertius . . tractandum est	tertius . . tractandus est
aliquo certo statu	aliquo statu
aut inficiando aut aequitate	aut inficiando aut definiendo
opponenda	aut aequitate opponenda
ipsam negationemque facti	ipsam negationem infitiationemque facti
quid sit in re ·	quod non sit in re
tertius quod recte factum	tertius quod id recte factum
esse fateatur	esse defendat quod sine
	ulla nominis controversia
	factum fatetur.

I. Handschriften, die zur Klasse A gehören.

1. **Britannicus Lambeth.** 425 membr. s. XIV.
2. **Cheltenhamensis** 9153 membr. s. XV.

Beide Hss. weisen sämtliche der Klasse A eigentümlichen La. auf. besonders erwähnenswert ist, dass beide in § 7 die gleichen vier falschen Abteilungen des Textes wie P und p haben. Gegenüber den älteren Hss. haben Lamb. und Chelt., in denen sich natürlich als in jüngeren Hss. noch mehr Fehler finden als in jenen, keine Bedeutung; ich halte es für wahrscheinlich, dass sie aus P (Chelt. 7 [*ea*] *que quasi*, 102 *rectum esse*) oder aus p (Lamb. 7 *ea quae quasi*, 102 *recte factum esse*), wenn auch vielleicht nicht unmittelbar, abstammen.

II. Handschriften, die zur Klasse J gehören.

Die erste Stelle unter den Hss. dieser Klasse nehmen ein:

1. **Britannicus** 10965 membr. s. XV (vgl. Orator ed. Heerdegen S. XXII).
2. **Glasguensis musei Hunteriani** T 3, 3 membr. s. XV.

Gemäss der Übereinstimmung ihrer La. stammen beide aus der gleichen Vorlage; noch etwas weniger Fehler als im Glasg. finden sich im Brit. Verglichen mit den La. von E bleibt dieser zwar 4 mal hinter demselben zurück, überliefert aber dafür an 13 Stellen die richtige La. und ist namentlich frei von solchen Änderungen wie 101 *quod feceris* ⟨*esse*⟩ *concedendum ut* (st. *re*) ⟨*esse*⟩ *defendas*. Bemerkenswert ist, dass § 101 und 102 R bis auf 3 Stellen, an denen er eine falsche La. bietet, völlig mit diesem Brit. übereinstimmt; das gleiche gilt jedoch durchaus nicht von § 7, wo sich R meist an A anschliesst.

Auf so ziemlich gleicher Stufe mit E stehen:

3. **Britannicus Additional.** 19586 membr. s. XIV ex. (vgl. Heerdegen S. X).

4. **Cheltenhamensis** 16296 chart. s. XV (vgl. Heerdegen S. XXI).

An 12 Stellen lesen wir im Gegensatz zu E im Brit. eine schlechtere La., an 9 dagegen eine bessere, d. h. die richtige. Die meisten Fehler sind jetzt verbessert, indem der Codex von einem 2. Schreiber nach einer wahrscheinlich der Gruppe Q (vgl. S. 32) angehörenden Hs. durchkorrigiert wurde, freilich nicht immer zu seinem Vorteil. Aus diesem korrigierten Brit. stammt, wie ich glaube, Chelt., jedoch muss man dabei annehmen, dass der Schreiber des Chelt. nicht alle Korrekturen seiner Vorlage beachtete, sondern einigemal die ursprüngliche La. derselben vorzog.

Etwas tiefer als E stehen folgende, zunächst:

5. **Arundelianus** 353 chart. s. XV.

6. **Harleianus** 3871 chart. s. XV.

Bis auf Eine La. hat Arund. an den nämlichen Stellen wie Brit. 19586 die bessere Überlieferung als E, dagegen an ca. 20 Stellen eine schlechtere; Arund. steht somit hinter E zurück. Unter diesen unrichtigen La. findet sich manche mit Brit. gemeinsame, so dass wir für beide Hss. wohl die gleiche Vorlage annehmen können. Harl. nun stammt wahrscheinlich aus Arund., indem er abgesehen von einigen neuen

Fehlern alle La. desselben teilt, z. B. 101 *arguere nege*
(*arguare neges*), 102 *scelus* (*secundus*).

sodann:

7. **Britannicus Egertonensis** 2516 membr. s. XIV (vgl. Heerdegen S. X).
8. **Oxoniensis Collegii Lincoln** 38 membr. s. XV (1420).
9. **Bodleianus** Canon. Lat. 196 chart. s. XV (1464).
10. **Bodleianus** Canon. Lat. 214 chart. s. XV.

Diese 4 Hss. bilden unter den Codices der Klasse J eine Gruppe für sich (= Q); ihre Zusammengehörigkeit beweisen vor allem 3 grössere gemeinschaftliche Auslassungen, ferner La. wie 101 *arguitur* (*arguare*), 102 *facit* (Bod. 214 *faciat* st. *facti*). — Brit. Egert. ist etwas besser als seine 3 Kameraden, im ganzen gilt jedoch diese Gruppe kaum so viel als E, wahrscheinlich etwas weniger. Innerhalb derselben gehören Oxon. 38 und Bod. 196 besonders enge zusammen.

III. Handschriften, die auf A und J zurückgehen.

A war ursprünglich die Grundlage für:

1. **Oxoniensis Collegii Balliol** 248 E membr. s. XV (1445, vgl. Heerdegen S. XXII).
2. **Cheltenhamensis** 3941 membr. s. XV.
3. **Oxoniensis Collegii Novi** 250 membr. s. XV (vgl. Heerdegen S. XX).
4. **Bodleianus D'Orvillianus** X 1. 1, 10 chart. s. XVI.

Da diese Hss. nur wenige Abweichungen von einander zeigen, so stammen sie von der gleichen Vorlage, die vor allem auf A deshalb beruht, weil die Übereinstimmung mit demselben eine weit grössere ist als mit J. Abgesehen von andern La. wie *aut ipsi aut contrario* finden sich noch 4 Auslassungen von A, während 4 andere aus J ergänzt sind. Einen besonders sichern Beweis für die Vereinigung der beiden Hssklassen gibt die Thatsache, dass zweimal in diesen wenigen Paragraphen die La. von A und J genau neben einander stehen. — Unter den 24 Schreibern der in dieser

Untersuchung behandelten Hss. ist der des Oxon. 250 der einzige, dem es auffiel, dass in § 7 zweimal das Nämliche überliefert wird. Er liess daher nach *ex comparatione* .. *minorum* die eigentlich in den Text der Part. or. gehörigen Worte *ut definitio, ut contrarium* etc. ganz weg und fuhr sogleich mit § 8 fort. — An einer Stelle verdient die Überlieferung dieser 4 Hss. Erwähnung. § 102 findet sich in ihnen die La., auf die Piderit Progr. S. 13 durch Vermutung kam: *secundus* (status) *aut definitione aut descriptione aut* (st. *atque*) *informatione verbi* (tractandus est). Das dreifache *aut* entstand natürlich erst durch Korrektur, vgl. meine Ansicht über die Stelle S. 11.

J war ursprünglich die Grundlage für:

5. **Oxoniensis Sanctae Magdalenae** 206 chart. s. XV (vgl. Heerdegen S. XXI).

Da die La. dieser Hs. grösstenteils diejenigen sind, welche sich in J finden, so ist als ursprüngliche Vorlage eine Hs. dieser Klasse anzusehen, welche wegen mehrfacher Übereinstimmung mit Oxon. 38 vermutlich der Gruppe Q angehört; durch Hinzunahme einer Hs. der Klasse A kam dann auch manche La. derselben in diesen Codex, z. B. § 7 die 4 falschen Personenbezeichnungen.

Wie ich oben ausführlich darlegte, gehören die Hss. Redigeranus und Vitebergensis in diese zuletzt behandelte Klasse.

Was nun die Bedeutung dieser 17 in England befindlichen Hss. für die Textgestaltung der Part. or. anlangt, so glaube ich, dass wir dieselben gegenüber den Hss. Frankreichs und Deutschlands wohl ausser Acht lassen können, da ich mir von keiner derselben eine Förderung der Kritik verspreche. Höchstens vom Britannicus 10965 könnte man wünschen eine vollständige Kollation zu besitzen; allein obgleich mir derselbe besser erscheint, als die einzelnen uns bekannten Vertreter der Klasse J, so halte ich doch den Mangel einer genauen Kenntnis desselben für keinen Nachteil, da wir ja bereits von mehreren Hss. dieser Klasse Kollationen besitzen und daher leicht erkennen, welche besonderen Fehler die einzelne Hs. hat, und welches wahrscheinlich die La. von J war.

Sonstige textkritische Bemerkungen.

5 Vulg. *Ut inveniat, quem ad modum fidem faciat eis, quibus volet, persuadere.* Das anstatt *volet* von ARV überlieferte *velit* scheint mir innerhalb des konjunktivischen Satzgefüges ganz am Platze zu sein.

6 *Quae sine arte putantur, ea remota appello, ut testimonia.* Erwartet man nicht *ponuntur* st. *putantur?* Nicht auf den Glauben seitens der Zuhörer, sondern vielmehr auf die Thätigkeit des Redners kommt es an den vielen Parallelstellen an, die Piderit in seiner Ausgabe anführt. Eine gute Betrachtung der hieher gehörigen Stellen findet man auch bei Ch. Causeret, étude sur la langue de la rhétorique et de la critique littéraire dans Cicéron. Paris 1886 S. 89.

6 Kayser schreibt richtig nach ARV *humanum, quod spectatur ex auctoritate, ex* (E *et,* Z *et ex*) *voluntate, ex* (E *et ex,* Z *et*) *oratione.* Bereits Sauppe wies a. a. O. S. 1867 auf die bemerkenswerte Erscheinung hin, dass an 5 Stellen bei Piderit (an 3 auch bei Kayser) in dreigliedrigen Aufzählungen *et* nur vor dem 3. Gliede stehe. Wie 6, so ist *et* auch 37 in den Worten *praesentia, praeterita et* (so J) *futura* und 69 *ut obtineat, probet et* (so J) *efficiat* einfach zu streichen, da auch an diesen Stellen A dasselbe nicht hat. 74 dagegen steht in AEZ *quoniam tribus in generibus bona malare versantur, externis* (A *externi*) *et* (RV nicht) *corporis et animi.* Ich begreife nicht, warum Piderit Progr. S. 15 die Möglichkeit *et* vor *corporis* zu setzen bestreitet; selbst in diesem Fall kann man doch wohl die 3 bekannten Arten der Güter unterscheiden. Am richtigsten scheint mir jedoch Sauppe zu verfahren, der *externis et corporis et animi* ganz ausscheidet; die Konstruktion ist ja unklar und der unnötige Zusatz konnte leicht entstehen. Beachtenswert ist vielleicht auch.

dass in Z *s.* (= scilicet) *externis* etc. sich findet.
Für weniger nötig aber erachte ich 54 die Einschliessung von *vocis
vultus et gestus,* halte vielmehr an der Überlieferung von C
fest: *quibus* (verbis) *actio vocis et gestus* (oder voce et gestu?)
congruens .. *accommodanda est.* Dass *vultus* entbehrt werden
kann, beweist Or. 55 *est enim actio quasi corporis quaedam
eloquentia, cum constet e voce atque motu.* Aus den folgenden
Worten *dicerem etiam de gestu, cum quo iunctus est vultus*
ersehen wir, dass *gestus* auch für *motus* gebraucht wird.
Diese Zerlegung von actio in 2 Teile statt nach Ciceros son-
stiger Gewohnheit in 3 Teile war die übliche bei den griechi-
schen Rhetoren, z. B. Longinus Rhet. Gr. I 310 Sp. ὑπόκρισις..
διάθεσις σώματός τε καὶ τόνου φωνῆς πρόςφορος τοῖς ᾿ποκει-
μένοις πράγμασι. Auch bei Cornif. lesen wir III 19 *Dividitur
pronuntiatio in vocis figuram et corporis motum* und 26 *Motus
est corporis gestus et vultus moderatio* (vgl. Causeret a. a. O.
S. 200).

7 Nach A ist zu schreiben *ut* (J *aut*) *causarum eventus.*
Die anderen Glieder werden sämtlich mit *ut* eingeführt; es
wäre daher auffallend, wenn hier einmal *aut* verwendet
werden sollte. Im Vorhergehenden steht nur in p richtig *ut*
(PJ *aut*) *ea quae sunt quasi coniuncta.*

9 A überliefert entgegen Kaysers und Sauppes Angaben
*cum inveneris collocare cuius infinita questio . ē . ordo idem
fere quem exposui locorum.* In der gewöhnlichen La. *cuius
in infinita quaestione ordo est idem fere* beruht *ordo est idem*
allein auf der wenig sicheren Grundlage RZ, während EV
auch *est ordo idem* haben. Nach A schlage ich vor *Cum
inveneris, collocare: cuius ⟨cum⟩ infinita quaestio est, ordo
idem est fere q. e. l.* — An folgenden Stellen macht Kayser
über die La. von P und damit von A unrichtige Angaben:
7 In A steht nicht *genera partium generum partes,* so dass
man daraus, wie Kayser that, Anlass nehmen könnte *genera
partium* einzuschliessen, sondern *genera partium generum
ut partes,* wobei *ut* statt *re* geschrieben wurde wie 101
concedendum ut st. *concedendumre.* — 31 *Quid, in narratione*

quae tandem conservanda sunt? Nach AR, welche nicht *ser-*
randa, sondern *observanda* überliefern, wird *observanda* an
Stelle von *conservanda* aufzunehmen sein. — 49 *utendumque*
est (so RVZ) *exemplis, quibus testibus creditum non sit.* Nach
AB (H hat *est* gar nicht) ist *utendumque exemplis est* zu
schreiben. In A steht allerdings *si* st. *est*, jedoch finden wir
auch sonst diese Verwechslung, z. B. 7 *id si*, 49, 66 *dicen-*
dum si, 50 *resistendum si* (vgl. CFW Müller, Cic. op. II 3
adnot. crit. zu 120, 28). — 62 Kayser zweifelt mit Recht
daran, ob A *ut ius in naturane sit an in more* überliefere.
Nur in Gu. ZV findet sich *in naturane*; dasselbe scheint mir,
da *in natura* ebenso richtig ist, nicht nötig zu sein, wenn
es auch de or. III 114 und Top. 82 steht. — 80 Nicht P,
sondern E überliefert *serviendo*, es ist daher *divinis rebus*
deserviendo beizubehalten. — 100 In A steht *accipiendis* (nur
V *capiendis*) *subeundisve iudiciis.* — 103 In A lesen wir *ea*
.. *continentia causarum vocentur*, also besteht kein Grund
vocantur zu schreiben; vgl. 93 *conficientes vocentur*, 103 *ra-*
tionem appellemus und so oft. — 103 Auch A hat *quid* (nur
Z *quod*) *defenderet non haberet*; vgl. Antib.[6] s. v. und Reisigs
Vorl. Anm. 502. — 106 A *in his* (nicht *eis*) *controversiis*. —
117 Kayser *confirmandum primum genus quaestionum* [*erit*].
Nach AEV ist vielmehr *c. p. g. erit quaestionum* wahrscheinlich die ursprüngliche La.

9 Mit Kayser halte ich das in C sich findende *illa etiam*
quae ad motus (st. *motum*) *animorum pertinent* für richtig;
denn wenn sich Ernesti für den Sing. auf das vorhergehende
de motu § 8 und auf das sofort folgende *motus autem animi*
incitatio beruft, so ist dies sicher kein Grund, auch hier den
Sing. zu schreiben. Zu dem Plur. *animorum* ist gut der
Plur. *motus* hinzugesetzt; vgl. 32, 79, 112, 122.

10 A bestätigt die Wortstellung, die bereits Stangl (Bl.
f. bayr. Gym. XVIII 256) befürwortete, *proprium iam* (A
tamen, R *inde*) *habet ex eo nomen.* Die vulg. *habet iam* findet
sich in keiner der hier behandelten Hss. — An folgenden
Stellen verdient wohl die in A überlieferte Stellung der Worte

noch Aufnahme: 15 ABR *Principia sumenda* (HZV vulg. *sum. prin.*). Im Folgenden steht immer der neue Begriff an der Spitze: *narrationes .. amputandae, firmamenta .. diluenda, perorationes .. conferendae.* — 22 *Itaque hoc etiam (etiam hoc,* so nur Z) *loco nobis est iudicandum,* umgekehrt 30 *Sit autem etiam hoc (hoc etiam) in praeceptis* — 38 *permotione, cum aut oblirio aut error aut aliqua metus aut cupiditatis causa* (J .. *aut metus aut aliqua cupiditatis* [E *cupiditas*] *causa) permorit.* Da nach Part. or. 9, 35, 67, 112, de inv. I 36 *metus* und *cupiditas* sich parallel stehen, so entfernte Piderit *causa* und schrieb nach E *aut metus aut aliqua cupiditas.* Betrachtet man jedoch die Überlieferung in A, so ist kaum eine Änderung nötig, da diese La. vollständig die von Piderit mit Recht gestellte Forderung erfüllt. — 38 *tria genera sunt (tria sunt gen.,* so nur Z), vgl. 6 *quae genera sunt,* 46 *duo genera sunt,* ferner 64, 69, 75; Popp a. a. O. S. 20. — 96 C *Atque hi quidem perorationis sunt* (vulg. *sunt per.*) *loci.* Mit Recht nahm also Piderit diese Stellung auf. Ebenso gebe ich Piderit Recht, wenn er 91 an der Stellung *Quarum rerum dolor gravis est* (Kayser, Klotz nach A *est gravis*) *testis* festhielt, denn auf diese Weise erklärt sich die Entstehung des in ARVZ befindlichen Fehlers *est* st. *testis* leichter. Auch in A kommen ein paar irrtümliche Stellungen vor, z. B. 94 *cuius vis generis* (st. *gen. vis*) *varia est.* — 108 Alle Hgg. *in contrariis scriptis utrum magis sit comprobandum,* während in C *magis comprobandum sit* steht. Wenn auch Piderit mit Recht bemerkt, Cicero liebe am Schluss eines Abschnitts den Ditrochaeus, so zwingt uns doch diese Beobachtung kaum, hier von den Hss. abzuweichen, indem ja Cicero diese Gewohnheit keineswegs immer befolgt hat; vgl. am Ende eines Abschnitts Part. or. 15 *eae quod respuunt immutandum est,* de or. II 96 *depascenda est,* 161 *postulandum sit,* ebenso 332, 360.

13 *Principia vel non longa vel saepe nulla.* Kayser setzt *sunt* dazu, allein müsste nicht *sint* stehen (vgl. 74 *prima sint externa*), da hier eine Vorschrift gegeben wird? Wie es oft

in den Part. or. der Fall ist, so schliesst sich auch hier die Antwort genau an die Frage an und wirkt *spectas* fort. Ebenso halte ich 80 die Hinzufügung von *sunt* für unnötig in den Worten *ut in suis rebus ⟨sunt⟩ studia litterarum*. Vielleicht kann man auch 87 *est* entbehren und mit A schreiben *ab eis virtutibus de quibus paulo ante dictum*, zumal da auch die Hss. der Klasse J sehr von einander abweichen; vgl. 56 *ut ea quorum obscurae causae* und CFW Müller, de off. I 20. 17 Vulg. nach RV *aut ea quae obscuramus, quae incredibiliter tollimus*. A jedoch überliefert . . *quaeri*, EZ *quaeue incredibiliter tollimus*. Die La. *quaere* scheint mir hier ganz gut zu passen, vgl. Part. or. 64 *sit necne sit aut fuerit futurumve sit*, de or. II 104 *quid factum sit aut fiat futurumve sit*.

22 Nach A ist zu schreiben *Fiet* (st. *Fit*) *etiam suavis oratio*, denn das Futur ist ganz am Platz, nachdem 21 *Suave autem genus erit* vorhergeht. Wie hier vom Praesens zum Futur übergegangen ist: *dilucidum fit* (A freilich *fiet*), *brevitas conficitur, probabile est, illustris est, suave erit*, so findet der umgekehrte Wechsel der Tempora 32 statt *ad dilucide narrandum . . praecepta repetemus, probabilis erit, suavis narratio est*.

23 Die früheren Hgg., wie Ernesti, lasen *Est itaque id genus* (Z *Est ita neque genus id*, V¹ *Est ne ita ne id genus*, E fehlt) *totum situm in commutatione verborum*. Die neueren Hgg. liessen *itaque* als unciceronianisch weg. AR überliefern *Est quidem id* (P *ut?*) *genus totum in e. v.* Indem ich die La. der beiden Klassen vereinige, vermute ich *Est ita: quod quidem genus totum est* (oder *situm est*) *in e. v.* Auch Stangl konjicierte Philol. XLIV 290 *Est ita: quod genus*. Sehr gut folgt *est ita: quod quidem* auf die Worte *reliquum est igitur* etc.; dieses beweisen 25 *est ita: quae quidem* (auch hier fehlt in A *ita*), 33 *ita est: quae quidem*, 69 *admodum: et earum quidem* (Stangl schlägt Philol. XLV 551 mit Unrecht *tantummodo* st. *admodum* zu schreiben vor, vgl. du Mesnil, de leg. III 26), 98 *recte intellegis: atque eius quidem*; dazu 42 und 132.

29 *Intellegenter autem ut audiamur et item attente.* Ohne
Not schliesst Kayser die letzten 3 Worte ein, denn wie
Cornif. I 7 und de inv. I 23 beweisen, gehören die 2 Be-
griffe *intellegenter* und *attente* enge zusammen. Wie in den
übrigen rhetorischen Schriften Ciceros, so geht Kayser auch
in den Part. or. manchmal zu weit in der Annahme von
Glossemen, z. B. 52 *hic est proprius locus* [*in perorando*].
Das Eingeklammerte passt sehr gut in den Zusammenhang,
indem *hic* am Anfang dem folgenden *in cursu* und *in pero-*
rando am Schluss dem *confirmata re* entspricht. — 104 *Ex*
rationis autem et [*ex*] *firmamenti conflictione*, etwa nach Quint.
inst. or. III 11, 19 *ex rationis et firmamenti quaestione?*
Quint. gibt hier jedoch gar nicht Ciceros Worte wieder; vgl.
dagegen Cornif. I 26 *ex ratione defensionis et ex firmamento*
accusationis, Part. or. 25 *et cum rerum et cum rerborum*
momentis, 87, 105. — An folgenden 3 Stellen jedoch stimme
ich Kayser bei: 61 *Sed est propositum latior quasi pars causae*
[*quaedam et controversiae*]. Da A (E fehlt hier) *causae con-*
troversiae ohne *quaedam et* überliefert, so ist offenbar, dass
controversiae zunächst zur Erklärung über *causae* geschrieben
war; vgl. vorher RVZ *controversiam causam appello.* 11 wurde
in EZV *causarum* durch *controversiarum* verdrängt und 68
lesen wir in J *propositarum consultationum controversiarum*
causarum st. *propositorum, causarum.* — 72 *utendum erit in*
eis [*in oratione*] (vulg. *eis in oratione*) ⟨*et*⟩ *singulorum rer-*
borum insignibus .. et ipsa constructione rerborum. Das erste
et fehlt nur in V, hat daher sicher seine Berechtigung, zumal sich dadurch eine gute Gliederung ergibt. Schreibt man
aber *et .. et*, dann kann es natürlich vorher nicht mehr *eis*
in oratione heissen. Dass nun *oratione* wahrscheinlich eine
Glosse ist, scheint mir auch die Überlieferung von A *in eis*
oratione zu bestätigen. — 86 Mit Recht nahm Kayser nach
dem Vorgang von Schütz und Orelli Anstoss an der Überlieferung; denn nachdem zuerst die Zweiteilung *alia* (bona)
sunt per se expetenda; alia, quod aliquid commodi efficiunt
vorgenommen ist, passt dazu unmöglich das Folgende *Eorum*

autem, quae propter se expetuntur, partim honestate ipsa, partim commoditate aliqua expetuntur, um so weniger als man dasjenige, was man auch wegen eines Vorteils zu erlangen sucht, nicht um seiner selbst willen allein erstrebt. Sodann ist auffallend, dass auf *ea quae sita sunt in officiis atque virtutibus* die Worte *ea quae proficiscuntur ab eis virtutibus* folgen sollen. Ich glaube daher, dass mit Kayser *quorum alia sunt* bis *ut opes et copiae,* sowie *quae propter se expetuntur* für Glosseme zu halten sind.

29 A *facillime discit auditor . ., si complectare in principio genus naturamque causae.* Besser als das nach J bisher geschriebene *a principio* erscheint mir *in principio* = im Eingang der Rede, von dem eben hier gehandelt wird; vgl. de or. I 209 *id faciam, quod in principio fieri in omnibus disputationibus oportere censeo,* ebenso II 324.

35 Die Stelle *in fortuna* (spectantur) *genus, amicitiae, liberi* etc. ist auch ein Beleg für die Richtigkeit der Überlieferung von P in de inv. II 177 *extrariae* (res sunt) *honos, pecunia, affinitas, genus, amicitia* (st. *amici*), vgl. Philol. XLV 490.

43 Vulg. *ea defensionem contra crimen .. non habent.* Obwohl *crimen* folgt, möchte ich doch das in AR überlieferte *defensiones* „verschiedene Möglichkeiten der Verteidigung" befürworten; vgl. de inv. II 63 *Sunt causae, quae plures habent rationes ..: quod fit, cum id, quod factum est aut quod defenditur, pluribus de causis rectum .. videri potest.*

44 Beachtenswert erscheint *quoniam in confirmationem et reprehensionem diviseras orationis fidem* im Vergleich mit 33 *quae quidem in confirmationem et in reprehensionem dividuntur.* Da bis jetzt eine genaue Untersuchung über die Wiederholung oder Auslassung der Präpositionen in solchen und ähnlichen Fällen noch nicht vorhanden ist (vgl. Reisigs Vorl. Anm. 575 und 576), so beabsichtige ich eine Zusammenstellung der fraglichen Stellen wenigstens für Cicero. Auf die Hss. allein kann man sich hiebei freilich nicht immer verlassen, indem selbst die besten solche kleine Auslassungen

aufweisen; so scheint mir Piderits Änderung 100 *de constituendis actionibus, ⟨de⟩ accipiendis subeundisque indiciis* notwendig zu sein. Nach A wird man jedoch *subeundisre* schreiben können, da *accipere* und *subire* hier Synonyma sind; vgl. 83 *salvi liberive* (EZ *liberique*), 114 *ablatum ereptumre* (R *creptumque*). — Auf Grund von A glaube ich, dass an folgenden 2 Stellen die Präposition zu wiederholen ist: 100 *quae* (forma) *in aequitate et ⟨in⟩ iure maxime consistit*, vgl. vorher *quae de iure civili aut de aequo et bono disceptantur*, ferner 130, Brut. 145. — 118 *tamen de incestu et ⟨de⟩ coniuratione . . quaerendum putaverunt*. Piderit nimmt die nur in R sich findende Stellung *de incestu tamen et coniurationc* auf, weil durch *tamen* eine Trennung zwischen *de incestu* und *coniuratione* stattfinde (vgl. Progr. S. 24); noch besser wird diese Absicht durch Wiederholung der Präposition erreicht. — 32 Vermisst man nicht *cum* vor *auctoritate* in den Worten *si testata dici ridebuntur, si cum hominum opinione, auctoritate, si cum lege, cum more, cum religione coniuncta?*

45 A *Plane ipsum igitur est . tum requiro*, J vulg. *Plane istuc ipsum desidero.* Darnach vermute ich als ursprüngliche La. *Plane ipsum istuc requiro.* An den ähnlichen Stellen findet sich neben *quaero* 8, 18, 34, 114 häufig *requiro*: 2 *ordine audies, quae requires*, 68, 131, de or. I 4, 160, 207, II 74. Wir begegnen in den Part. or. öfters der Erscheinung, dass die eine Hssklasse ein anderes Wort überliefert als die andere. Mit Recht erhielt in diesem Fall die La. von A bereits den Vorzug: 43 *descriptione* (st. *disceptatione*), 53 *volgaria* (*vulgata*, so Piderit), 72 *id fit si* (*id est ut*, so Schütz), 98 *disceptatur* (*disputatur*, so Ernesti), 99 *desierit* (*destiterit*), 126 *quasi converso* (so Kayser st. *quasi ex vero*) *accusatore*, 132 *discrepare* (*disceptare*), 138 *praecepimus* (*praecepta sunt*, so Piderit). Auch 62 schreibt Kayser nach A *ut si quaeratur, quibus officiis amicitia quaerenda* (vulg. *colenda*) *sit.* Allein da *quaeratur* kurz vorhergeht, so ist es sehr wahrscheinlich, dass infolge dessen *colenda* durch *quaerenda* verdrängt wurde. — Beachtung verdient die Überlieferung

von A noch 128 *quae, aut cum degredientur a causa, dicere volent* (vulg. *dici solent), aut cum perorabunt, ea* (so AE, RV *esse,* vulg. *haec*) . . *sumentur.* Wegen der Futura *degredientur, perorabunt, sumentur* scheint die La. *dicere volent* nicht unpassend zu sein. — 130 *naturae* (vulg. *naturali) iure praescriptum est.* Über *naturae ius* vgl. de inv. II 65 und 161.

46 Nach A ist zu schreiben *ad propositum sese* (vulg. *se) rettulit,* ebenso 127 nach C *depravatione verbi sese* (vulg. *se) urgeri queratur;* vgl. 87 *ipsa per sese,* 137 *inter sese* (J beidemal nur *se).*

52 Die Überlieferung von A *Facile* (vulg. *Facilior) est explicatio perorationis* lässt die Schreibweise der ed. Veneta und Lambins *Facilis est e. p.* nicht unannehmbar erscheinen. Der Komparativ ist ja nicht notwendig, die Verschreibung von *facilis* in *facile* aber war leicht möglich und findet sich auch sonst; vgl. 100 A *actione* st. *actionis,* 139 A *exercitatione* st. *exercitationis.*

53 Philol. XLIV 200 conjicierte Stangl *iuncta facta cognomentata* (st. *cognominata)* und wiederholte so eine schon von Mich. Brutus im 16. Jahrh. gemachte Konjektur. Die Unmöglichkeit derselben zeigte bereits Ernesti, auch Schütz wies sie zurück. Der Umstand, dass *cognominata* = συνώνυμα (20 *idem significantia)* nur hier gelesen wird, ist jedenfalls keine Veranlassung zu einer Änderung, da ja in den Part. or. auch sonst Wörter vorkommen, die in den übrigen Schriften Ciceros gar nicht oder nur in anderer Bedeutung sich finden. Zu den ersteren gehören: 7 *dissentaneus* (Gegensatz zu *consentaneus)* — 10 *auscultator* = Zuhörer (in anderer Bedeutung Apul.; über auscultare vgl. Landgraf, pro Rosc. Am. 104) — 11 *reformidatio* — 24 *intercise* (noch Gell.) — 26 *litteratura* = das Geschriebene (in and. Bed. Quint. Tac. Sen. Spät.) — 55 *frequentatio* rhet. t. t., ebenso 122 und Cornif. IV 27—77 *itidem* (noch Plaut. Ter. Lucr.) — 80 *praecolere* synonym zu *praeparare* (in and. Bed. Tac.) — 81 *captatio* (noch Quint. Plin.) — 81 *profluentia* — 122 *concervatio* (in and. Bed. Sen. Spät.) — Beachtung verdient,

dass 55 und 104 in A *conflictatio* (Quint. Spät.) st. *conflictio*
(so 102) überliefert ist. — Ausser 39 noch einmal de inv.
II 41 *titubatio*; vgl. Thielmann, acta Argent. II 438, wo jedoch
die Stelle aus den Part. or. fehlt.

53 *Verba ponenda sunt .. supralata inprimisque translata; nec in singulis verbis, sed in continentibus, soluta.* Statt
nec überliefert A *Haec.* Bekannt ist die Verwechslung von
haec und *nec* in den Hss.; da mir hier jedoch *haec* richtig
vorkommt (vgl. § 18 und 21), um so mehr als im Folgenden
mit *Haec igitur in verbis* darauf Bezug genommen zu sein
scheint, so möchte ich das von der älteren Hssklasse überlieferte *Haec in singulis verbis* für die ursprüngliche La.
halten.

58 Wenn auch in A einigemal *sit* st. *est* sich findet, z. B.
15 *immutandum sit,* 22 *quidquid sit,* so verdient seine Überlieferung *Illud iam sit* (vulg. *est*) *indicii* vielleicht doch den
Vorzug; vgl. 126 *communeque sit hoc praeceptum,* ähnlich 30.

62 Nach A wird man schreiben können *Rursus superioris
genera sunt tria : sit necne sit ⟨et⟩ quid sit ⟨et⟩ quale sit.*
Hier erscheint *et .. et* möglich, während dies natürlich 33
id aut sit necne sit, aut quid sit, aut quale sit quaeritur,
sowie an den von Piderit angeführten Stellen nicht der Fall
wäre.

68 *tu aliamne censes et non eandem, quae est exposita?*
Nach A, der *an non eandem* hat, vermute ich, dass es ursprünglich *ac non eandem* hiess; vgl. 136 *si verbis legum ac
non sententiis pareatur.*

69 *unum ex eo* (genere) *delegimus* (A *deligimus*), *quod
ad laudandos claros viros suscipimus* (J *suscepimus*). Wie
J mit *suscepimus* sich irrte, so dürfte man dieses vielleicht
auch bei *delegimus* annehmen; denn ein zwingender Grund
für das Perf. ist nicht vorhanden, eher könnte man, da das
genus laudationis erst von § 70—82 behandelt wird, Konj.
Praes. oder Ind. Fut. erwarten.

73 Für die ursprüngliche La. halte ich *Adhibendaque
frequentius etiam illa ornamenta rerum : sive* (so A st. *sunt*

sire quae, E nur *siqne,* vgl. dazu § 83, 100 auf S. 41) *admirabilia sire* (so C st. *et*) *nec opinata sire significata monstris.* Gut entbehrlich erscheint *quae* vor *admirabilia, sire* vor *nec opinata* aber erforderlich, weil im Folgenden *exspectatio* auf *significata, admiratio* auf *admirabilia* und *improrisi exitus* auf *nec opinata* sich bezieht; vgl. auch 32 *Suavis narratio est, quae habet admirationes, exspectationes, exitus inopinatos.*

74 Ausser Piderit schreiben seit Ernesti alle Hgg. *quo* (genere) .. *si humile, rel praeterito rel ad augendam eius quem laudes gloriam tracto.* Auf R stützt sich jedoch, wie Orelli glaubt, diese La. nicht, denn dieser überliefert wie V *tacto,* das erst durch Konjektur aus dem in AE sich findenden *tacito* (Z *tacite*) entstanden ist. Ich halte Piderits Änderung *ad* .. *gloriam accito* für richtig. — Bei Orelli findet sich auch sonst manche irrtümliche Angabe über R und V, z. B. 87 *alia sunt quasi quodam modo cum honestate coniuncta.* Auch · V überliefert wie ERZ *quasi cum honestate,* A dagegen *quasi quadam honestate.* Durch Vereinigung der La. von A und J lautet darnach die Stelle *alia sunt quasi quadam cum honestate coniuncta.* Bei coniunctus könnte allerdings auch der blosse Abl. stehen; allein bezüglich der Auslassungen ist ja A gegenüber Vorsicht geboten. Ähnlich wie hier ist es wohl am besten auch 117 beide Hssklassen zu vereinigen und *cuiusque rei locupletissimos testes* zu schreiben.

75 Nach A ist zu lesen *inprimis recentissimum quidque* (p *quicque,* vulg. *quodque*) *dicendum;* vgl. de fin. II 81 *optimum quidque rarissimum est.* Die Form *quidque* ist zwar in diesem Fall sehr selten (vgl. Antib. s. v), aber eben deshalb ist die La. von A wahrscheinlicher.

78 Die Überlieferung von A *in moderatione animi adrertendi lenitas* .. *nominabor* kann als ein neuer Beleg für die Verwendung von *animum adrertere* sc. in aliquem in der Bedeutung von „strafend einschreiten" betrachtet werden. Bisher wurde so geschrieben nur ad fam. V 2, 8 *dixerat ei, qui in alios animum adrertisset indicta causa;* vgl. Antib.[6] s. v. — In p lesen wir auch 82 *si modo quid erit animum*

advertendum. Nach der bei Caesar sich findenden Ausdrucksweise *qua re animum adversa* (b. c. I 80, II 6) wäre es nicht unmöglich p zu folgen; vgl. besonders Kühner, Tusc. V 65.

85 C *Sic suasori utrumque docendum est.* Ich sehe nicht ein, warum die neueren Hgg. von der Überlieferung und den früheren Ausgaben abgewichen sind und *si* statt *sic* aufgenommen haben; Cicero liebt ja in solchen Gegensätzen die Koordination. Statt *si* erwartete man eher *cum*, auch vermisst man bei dieser La. jegliche Verbindung. Zu *sic* vgl. z. B. 10 *Sic tria haec genera* und du Mesnil, de leg. I 31.

88 Beachtenswert erscheint in AZ *parentum patriaeque cultus . . ad caritatem referri solent* (vulg. *solet*). Über den Plur. von *cultus* vgl. Georges.

91 *Nam neque honesta tam expetunt quam devitant turpia.* Sauppe beanstandet a. a. O. S. 1867 mit Recht das ungewöhnliche *neque*; auch CFW Müller glaubt nicht an das Vorkommen von *neque* = *non* bei Cicero, sondern schreibt pro Caec. 68 *non* (Hss. *nec*) *hoc debent dicere* (vgl. Cic. op. II 2 adnot. crit. zu 60, 27). Sauppe tilgte an unserer Stelle das wenig verständliche *nam*, das aus dem vorhergehenden *bona* leicht entstehen konnte. Da die Worte *nam . . turpia* im Grund dasselbe wie die vorhergehenden *ridendum est, quanto magis homines mala fugiant, quam sequantur bona* aussagen und deshalb entbehrt werden können, so scheint mir das auffallende *neque* ein Zeichen dafür zu sein, dass der ganze Satz ursprünglich eine Randbemerkung war.

96 A *de retinendis suis fortunis, si erunt secundae, si* (J *sin*) *autem adversae, de periculo commonendi.* Neben *sin autem* gebraucht Cicero nicht selten auch *si autem*, vgl. Antib. s. v. si; hier aber trat die gewöhnlichere Form *sin autem* um so leichter an die Stelle der anderen, da *sin autem reprimendi* kurz vorhergeht.

99 *Plus petisti, sero petisti, non fuit tua petitio.* Da diese Worte mit den vorhergehenden *aut sitne actio illi qui agit aut iamne sit aut num iam esse desierit* in sehr enger

Beziehung stehen, so kann man *prius petisti*, das dem *iamne sit* besser als *plus petisti* entsprechen würde, vermuten.

103 Beachtung verdient wohl *a reo* ARV (*ab reo* EZ), ebenso 121 *a reo* AERZ (*ab reo* nur V). Wenn auch 124 zweimal *ab reo* steht, so glaube ich doch, dass wir 103 und 121 *a reo* schreiben können, da ja Cicero in diesem Punkte abwechselte, ja sogar, wie H. Meusel a. a. O. S. 402 auf Grund von Merguets Lexikon nachweist, in seinen späteren Schriften *a* vor *r* häufiger gebrauchte als *ab*; vgl. de or. II 116 *a reis*, auch de inv. II 152 *a ratiocinatione*.

105 *populi enim Romani dolor iustus eim tum illam excitavit, non tribuni actio.* Die 7 Hss. lassen *Romani* aus, das hier wohl fehlen kann, indem *populus* und *tribunus* einander gegenüberstehen; vgl. de or. II 167 *cuius tribunatus voluntati paruit civitatis* (es handelt sich hier um die gleiche Sache) und CFW Müller, Cic. op. II 3 adnot. crit. zu 181, 11.

106 A *Ita disceptationes* .. *fiunt rursus infinitae.* (so) *detractis personis temporibus et rursum* (J *detractisque temporibus et personis rursum*) .. *revocantur.* Ich glaube, dass *et* vor *rursum* zunächst über der Zeile stand und dann an falscher Stelle in den Text kam. Daher vermute ich als ursprüngliche La. *detractisque personis et temporibus rursum* .. *revocantur.*

112 *Spectantur etiam ad causam facti motus animorum.* Sollte man statt *spectantur* nicht *spectabuntur* oder *spectentur* erwarten, da doch bei dieser La. eine Vorschrift gegeben wird (vgl. z. B. 116 *hic etiam exempla ponentur*, ähnlich 121)? Da ausserdem die Verbindung *spectantur ad causam* gewiss nicht gewöhnlich ist, bei dem vorhergehenden *ponuntur* aber die Veränderung von *spectant* in *spectantur* leicht möglich war, so halte ich es für das einfachste mit Lambin, Ernesti und Schütz *spectant etiam ad causam* zu schreiben; vgl. 120 AEZ *refelletur* st. *refellet.*

120 *testium et quaestionum genus universum et quod* (insoweit) *poterit in singulis* .. *refellet.* Ohne Not schrieb hier Kayser nach Orellis Vorgang *quoad poterit*; vgl. de inv.

II 154 *Hic ille naufragus .. navi quod potuit est opitulatus.*
Mehrere Beispiele aus Ciceros Briefen gibt Hofmann, ausgew.
Briefe I 1884[2] S. 68, vgl. auch Jordan, Krit. Beitr. zur
Gesch. der lat. Spr. 1879 S. 339.

121 Die Überlieferung in A erscheint beachtenswert *A
reo autem querelae* (st. *querela*) *conflati criminis .. et accusa-
toris insidiae et item commune periculum proferetur.* Zu *proferetur* vgl. du Mesnil, pro Flacco 11.

127 *defensor autem et ea quam proposui aequitate nitatur.*
Da A *ad ea*, J *de ea* und AE *quae proposui* (Z *proposuit*)
überliefern, so schlage ich vor zu schreiben *defensor autem
ad ea quae proposuit* (um das zu beweisen, was er sich
vorgenommen hat,) *aequitate nitatur.* In den rhetorischen
Schriften findet sich *proponere* so sehr oft gebraucht; zum
Plur. *quae proposuit* vgl. de or. II 127 *Quin tu .. omittis
ista quae proposuisti.*

133 *contrariam autem si probarit, fore, ut multa vitiosa*
(J unrichtig *vitia*), *stulta, iniqua, contraria consequantur.* Ich
glaube, dass nach A zu ändern ist *si probarint, fore, uti
multa* etc. Wie zu *consequantur*, so bilden die Richter auch
zu *probarint* sehr gut das Subjekt.